속삭이는 바나나

지정애 시집

서정시학 시인선 187

서정시학

    씨 없는 나는 혼신의 향기로 모두의 연인이 되는 거지요
    비밀이 너무 많으면 몽상으로 등이 휘어진 나처럼 될 수 있어요

    나의 길쭉한 색깔은 가위눌린 사람의 노란 하늘과 비슷해요
    퍼렇게 시치미 뗀 나는
    오늘도 해먹처럼 흔들리는 사람을 기다려요
                      —「속삭이는 바나나」에서

서정시학 시인선 187

속삭이는 바나나

지정애 시집

서정시학

시인의 말

방황하는 생을

시가 스윽 잡아 당겼다.

굳은 껍질을 벗겨내어 말랑말랑해졌다.

제 시를 읽어주시는 모든 분들께 감사드립니다.

2021년 11월
대곡에서
지정애

차 례

시인의 말 | 5

1부

기도 | 13
얼굴의 완성 | 14
몽돌의 뒷모습 | 16
푸른, 쌈 | 18
당신의 열무 | 20
가방, 혹은 방 | 22
속삭이는 바나나 | 24
골목으로 지나가는 것들 | 26
고래와 분홍신 | 28
구름사원체류기 | 30
시래기 이중주 | 32
그 숲 | 34
백지의 시간 | 36
양화대교 | 38
어느 날 | 40
흐린 날의 빨래 | 42

2부

홍시 | 47
방문객 | 48
게발선인장 꽃 | 50
열무 | 52
라라의 초상 | 54
섭지코지 | 56
콘셉시온 | 58
선 | 60
백 | 62
모자 쓴 배롱나무 | 64
쇠소깍에 들다 | 66
영래 칼국수 | 68
데자뷔 | 70
내 마음의 감옥 | 72
베고니아에서 | 74
실종 | 76

3부

섬 | 81
향기의 완성 | 82
어쩌다 장미 | 84
마흔여섯 채의 슬픔 | 86
마지막 자비 | 88
손톱 | 90
능선 | 92
그곳 | 94
화신花晨 | 96
X-기념일 | 97
파주 | 98
환하고 幻하다 | 100
사과를 먹듯이 | 101
벚꽃청심환 | 102
봄 | 104
벚꽃 후기 | 107
던킨도너츠 | 108
드라이플라워 | 110

4부

크레바스 그리고 풀 | 115
유채꽃에서 배롱나무에게로 | 116
술래가 없는 방 | 118
꽃은 시나브로 탈색되고 | 120
언제나 편의점 | 122
작은 봄 | 124
능금나무의 말을 베끼다 | 126
포즈 | 128
산문에 들다 | 129
아, 베르가모 2020 | 130
하이힐 | 132
퍼즐 | 134
벽 앞에서 | 136
토기의 독백 | 138
유혹 | 140
산수유 카페 | 141
해설 | 우리에겐 아직 기뻐할 것들이 남아 있다 | 정우진 | 142

1부

기도

어쩌나, 두 손 사이, 이 많은 비명을

따로 놀던 오른손과 왼손을, 가슴께로 불러 모아
피뢰침을 만들자, 지붕의 평화를 위해
가물거리는 영혼 꺼지지 않게
날아다니는 가시, 악몽이 다정해질 때까지
그물을 던지자.
마음 지그시 눌러, 높이 올라가자, 구름처럼 가벼워질
때까지.

무릎이 없어지네, 이제야 비명이 녹스네.

두 손이 시뻘거네, 수박색 아이스크림이 먹고 싶네.

불쑥 일요일이 생기고, 기도는 한없이 길어지지.

얼굴의 완성

손가락 열 개가
다 닳을 때까지 유리창을 닦았다

미래라는 얼룩이었다
두꺼운 안개

손짓하는 대로 따라갔다
좋아서 갔다

눈부셨는데
허공이었다

무력해서 슬픔이 투명해진다

상한 심장에서 흘러나온 이상한 것
통유리에 비치던 낯선 얼굴

쓸수록 시는 멀어지고

얼굴은 결국
내가 끝나야지만 완성되는 것인가

세상의 모든 것은 돌,
손가락이 다 닳을 때까지 돌을 닦는다

몽돌의 뒷모습

모래톱에서 통증은 따스해진다

갈매기를 보면 질문이 생각난다
나는 질문하는 힘으로 여기까지 왔다

다시 모래를 밟으면
내 안과 밖에 어른거리는 것이 있다

나는 차츰 나를 잊어가고 내게서 멀어져간다
파도소리에 둥글어져간다

저마다 모서리를 없애는 방식이 있다
아무도 모르게 눈시울 문지른 당신

당신은 먼 바다의 돌로
금방 낳은 알처럼 따스한 돌로 내게 온다

지난겨울 당신은

돌을 붙들고 돌을 닮자고 했다

그러나 봄이 오고 당신은 떠났다

이제 당신은 내 손에 돌로 남았다
반질반질해진 돌로

옆에 있는 듯 알록달록 기운 얼굴을 만지작거리면
가장자리에서 우리는 비로소 둥글어진다

푸른, 쌈

싱싱한 잎사귀만 고이 바구니에 담는다

캄캄한 것들을 자주 들여다보며 물을 주고,
구름의 이동을 몇 번 바라보는 동안 부풀 대로 부풀어
오른 초록의 포용
초록에 대해선 이유를 알 수 없는 맹목,
어쩌면 눈 먼 모정이 초록으로 태어났는지도

헐렁한 저녁 한 덩이를 감싸줄 건 그래도 푸른 잎사귀뿐,
입안의 침묵은 된장의 짭짤한 맛에 금방 무너질 것이다
캄캄한 항아리 속에서 숙성된 비밀을 쓰다듬다 보면
모두의 허물은 풀냄새에 서서히 녹고, 하루는 간결하게
수습된다

모름지기 씨앗은 깊은 내력과 궁리를 품고,
세상 끝까지 길고 긴 젖줄이 돼 준다
잎과 잎 사이 당신과 나 사이, 소리 없이 아무도 모르게
흐르고 흘러가고

묘상의 시절
사정없는 바람과 햇빛을 막아준 비닐 덮개를 기억하며,
손바닥을 펴는 사람 누구에게나
아낌없이 넓고 아늑한 모자가 되어 준다

당신의 열무

불 꺼진 식탁에 앉는데
누군가 숟가락을 달그락거리고 있다

어둡고 빈 식탁을 달그락거리는 마음은 어떤 것일까
저 의자에 앉았던 사람은 아직 떠난 것이 아닌가

어제 저녁을 같이 한 사람이거니, 멀거니 앞만 보고 있는데
숟가락을 달그락거리던 손은 제 소리를 거두고 사라진다

빈 의자를 바라보며 떠올린다

70년이라는 항아리를 채웠던 푸른 잎사귀
툭툭 끊어질 뻔했던 캄캄한 시간들이 절여지며
초여름 식탁을 끝까지 싱싱하게 했다

미지의 시간 속으로 조용히 들어가는 순간까지

꿈속으로도 다니러 오지 않는다
슬퍼하지 않는다
시장에서 물끄러미 내려보다 그냥 온다

가방, 혹은 방

가방, 봄의 가방은 조금 들떠 있다
비밀을 갖고 꿈틀거린다 완강하다

나는 가방의 안을 들여다본다 늪이기도 별이기도 한 가방은 캄캄해졌다
그를 생각한다 조금 우울해서 고개를 숙이고
어떤 열망이 있는가

스스로에게도 묻지 않는다 내가 무슨 말을 할 수 있겠는가
조금 우울해서 봄날의 이 몽롱한 시를 쓰고 있다

가방 안에는 어떤 것들이 꿈틀거린다 가방을 들고 무언가 생각한다
가방은 쓸쓸한 것이다 묘지처럼 가방은 어둡다 방황의 손때가 묻었다

가방에서 벗어나야 한다 조금 어리둥절하다 가방이 나를 안아준다

가방은 사방연속무늬가 있는 둥근 방에 담겨 있다
가방의 침묵으로 둥근 방이 팽팽해졌다

매일 가방을 하나씩 들고 가방의 침묵을 쓰다듬어 준다
커피를 마셔도 쓸쓸해지는데 그 이유는 너무 낡았다

나는 가끔 사방연속무늬가 있는 둥근 방에 잠겨 든다
늪이기도 별이기도 한 방

속삭이는 바나나

한때 나는 항아리에 은닉되곤 했지요
독점욕이 강한 사람들이 내게 새로운 세계를 가르쳐 줬어요
무풍지대와 그늘이 있어 엄마의 자궁처럼 안락했어요

늘 웅크리고 있는 내게 다시 태어나고 싶은 사람들이 오곤 해요
그때 나는 과일을 넘어선 그 무엇이 되는 거지요

나의 단맛은 몽정 같은 것
한 다발이면 맨홀 같은 하루를 채워줄 수 있을 거예요
나를 우적우적 씹으면서 실컷 숨으세요
새 탯줄을 잡은 기분이 들 때까지

글러브처럼 포획을 노리는 나의 전략, 슈가 포인트엔
보이지 않는 거미줄이 있어요

씨 없는 나는 혼신의 향기로 모두의 연인이 되는 거지요

비밀이 너무 많으면 몽상으로 등이 휘어진 나처럼 될 수 있어요

나의 길쭉한 색깔은 가위눌린 사람의 노란 하늘과 비슷해요
퍼렇게 시치미 뗀 나는
오늘도 해먹처럼 흔들리는 사람을 기다려요

골목으로 지나가는 것들

바람이 돌담을 지켜준다

줄장미가 당신을 오른다
그것은 당신이 우리에게서 멀어지는 방식, 가혹한 낙서

바람으로 숨 쉬던 당신은 모른 채 지나가고,
울타리 너머로 펄럭이는 빨래는, 흙벽을 붙들고 울던 붉은 마음

무너지면서,
산 너머 가도 없는 당신을 끝까지 따라가고

우리는 슬픔의 담쟁이로 컴컴해진다

아침마다 다정한 목소리 둘이 가게를 지나가고
평상이 평상심을 사용해서 달싹이는 입들을 품어도

아이가 뽑기에 얼굴을 파묻는 봄날

줄장미는 담 너머 활활, 소문은 골목을 어슬렁거리고
아이가 아이스크림을 사서 뛰어가는 대문을 휘감는다

거침없고, 꼬불꼬불한 라면처럼 집요하다

낙서는 마음의 수평선을 찾는 방법

이팝나무 꽃 무성한 소문도, 계절 밖에 있는 어지러운
벽보도
벽을 휘갈기는 술꾼들의 목소리, 허공을 찢는 소리도

지나간다 당신의 낙서처럼

언젠가 살았고, 언젠가 가게 될 우리들의 골목으로
모두 바람처럼 사라진다
묵묵히

고래와 분홍신

목조 교실 흐릿한 창문에 한 마리 매미처럼
바짝 붙어서, '분홍신'을 바라만 보다가

당신 손바닥에 '동화책'을 새겼다 비뚤비뚤
아침마다……

아홉 살 맨발은 줄넘기를 하며 기다렸다, 하염없이
담장 내다보던 깨금발, 골목엔 바람만
그림자도 보이지 않았다

저 너머 있을 바다와 구름국화 넘실거릴 산언덕을 노래
하고 싶었다

서른일곱 살 아버진 고래,
몇천 볼트의 봄을 움켜잡고
밤낮으로 출렁이는 피로 헐떡거리며 부풀어가고
계단은 불끈, 커다란 손으로
도시를 가로지르는 구두 발자국 소리 점점 커져가고

우린 마른 바닥에 웅크리고 가물가물해졌다

뜨거운 지느러미 흔들며 들어오면, 벽 속으로,
수평선 철커덕 닫히고 곤두박질친 별 나뒹구는 소리, 소리

동화책은 저 혼자 그렁그렁 떠다녔다

구름사원체류기

늘 구름 냄새에 절여 들어온, 우리의 물컹한 뿌리, 구름 중독자
아버진 구름을 사랑했고, 구름 또한 당신의 근친

당신이 창밖에 어른거리면 우린 얼른 그림자 속으로 들어가고
조금씩 구름의 제물이 되어가고

부재의 식탁마저 삼키느라 당신의 입은 날로 커져가고
우리를 날마다 조금씩 오려내, 구름성 올라가는 계단을 쌓아갔다

싹둑싹둑 가위질, 가물가물해질 때까지

구겨진 미래를 껴안고 잠 설칠 때, 늑골 파먹는 붉은 소리 구불구불
비린내 마당에 흥건했다

책 속에 박힌 붉은 눈알로 밤새도록 비명의 강을 건너가
변산 바람 꽃 한 송이 되고 싶었는데

마음속에서 자라난 못이 시퍼런 눈 뜬 채 푸드득거렸다
뿌리에 재를 뿌리며 연근처럼 구멍 숭숭 난 날들이여 안녕!

근사한 고공비행을 꿈꾸며 박찬 허공
몇 바퀴 돌다가 그만, 내가 나를 놓쳐 버리고

싹둑싹둑, 하늘 끝까지

시래기 이중주

시래기는 고집이 세다 담벼락 노숙 끝에 익힌 근성이다

빨래를 널고 가닥가닥 엮인 무청을 담벼락에 걸면
서걱거리는 소리로 화답한다

나물의 속내를 알려고 한 젓가락 집는 건
햇볕과 바람이 온몸에 스며들게 하는 것

빨래가 마를 때쯤이면 가슴은 보송보송해지고
다시 쌀을 안친다

외롭고 쓸쓸한 방, 냄새로 채워진다

먼 당신에게 종주먹을 들이대듯 왕뼈를 주물러 씻는다

펄럭이는 외투자락의 낯선 냄새처럼, 아무리 씻어도 없어지지 않는다
필시 뭔가 숨기고 있다

무쇠 가마솥에서 몇 날이고 고으며 동동 뜨는 의심을 걷어내면
　국물은 흐릿한 속살로 끓어오른다

　들깨가루를 넣어 이방인의 냄새를 쫓아내고, 백두대간만큼
　완강한 왕뼈를 손에 쥔다

　야들야들해진 살을 뜯어 먹는 당신에게 울컥 젖은 시래기를 건져준다

　왕뼈에 붙어 있는 당신을 발라먹는다 왕뼈에 붙어 있는 나를 발라먹는다
　물어뜯으면서 하나가 된다

그 숲
— 제주 비자림

숲을 도는 내 발길은 허방을 디디듯 휘청거린다
　수백 년 된 나무들 사이사이에 당신의 발자국을 그려 넣을수록

　몰래 온 나를 은근히 나무라듯 반기듯
　당신은 구석구석 어리고

　먼 곳을 더듬는 것은
　멍하고 아린 마음이 하늘 끝에서 닳아지는 것

　가까이서 몰랐던 당신의 마음, 멀리 와서 독차지하는 이 늦은 사랑

　당신의 부재를 앞두고 너무도
　허술했던 마음과 이런저런 자책이 육박해오는데

　꿈속에서도 바둑알을 잡았던 손은 흐물흐물 무너지고
　비자반榧子盤이 최고의 바둑판이라는 안내판은 공허하기만 하다

수많은 구름 사진을 찍었던 손때 묻은 카메라만
방에 덩그렇게 남아있을 날이……

나는, 천연기념물인 이 숲에서 한없이 붉어지고 있다

백지의 시간

아침부터 설렌다 흰 손은 4시간쯤 그곳에 머무른다
가능성이 단련되는 시간이다

누군가 금방 온 눈 한 트럭 부어다 놓았다
첫 발자국에서 온기를 느끼듯
백지의 줄을 따라가면 먼 곳의 숨으로 피가 돈다

그동안 사용한 흰색이 산더미인데,
언제 제대로 태어날 것인가

어떤 이는 심장이 서서히 식어가는 것을 기록한 뒤 사라지기도 했다

나를 놓아버리고 싶을 때 밧줄이 되는 백지,
펼쳐 논 일기장에 아버지의 눈길이 차갑게 머문 이후
내게서 서식하기 시작했다

빈 방,

아이가 이불 덮어쓰면서도 기어이 흘깃거리는 무서운
장면 같은 것
 매일 나를 끌어당긴다

양화대교

무엇을 기대했을까

바람 속 벼랑
눈으로 다리를 붙들며 건넌다

심장이 몸만큼 커지네
이미 돌아갈 수는 없다

풍경은 멀리 있을 때 생긴다

낡은 자전거 한 대, 무자비한 속도 옆을 지나간다
허름한 박스를 실은 노인, 끌고 온 생 전부를 걸고

다리를 건넌다

어린 시절 이르고자 했던 장미가
살아가는 전부가 된 것처럼,

오직 건너야 한다

양화대교엔 바람과 진퇴양난밖에 없다

어느 날

아침에 단추를 잠그지 않았다

잉크는 들어있는데 펜이 나오지 않아 점점 백지가 더 어두워진다

침묵 속의 넓적한 고무나무는 잎이 더 많아졌다

다 마른 빨래도 간섭하지 않는다

달력의 숫자는 남극의 빙하처럼 떠 있다

소파에 앉았던 사람의 뒷모습 같다

고지식한 시계는 어쩔 수 없다

어떤 그림자도 없는 식탁은 달그락거렸던 소리의 기억 속에 잠긴다

부재중 전화도 없고 모르는 번호도 뜨지 않아

묘지의 적요를 닮아간다

어스름 무렵

사과의 썩은 부위를 도려내고 커튼을 올린다

흐린 날의 빨래

 당신은 침대에서 날씨 예보를 본다. 네모 화면에서 샛노란 해가 반짝인다. 햇살이 암막 커튼을 뚫고 들어온다. 오래 미뤄둔 빨래를 다짐한다. 구석에 몰린 것들이 발톱을 키우기 전에……

 키위를 깎고 식탁을 차리는 동안 세탁기가 돌아간다. 물 흐르는 소리가 구석구석을 깨운다. 세탁기 단추가 마음을 풍선처럼 띄운다.

 고개를 돌리는 순간 햇살이 감쪽같이 사라져버렸다. 당신이 하늘을 쳐다보고 있는 동안, 지나가던 투명한 거인이 햇빛을 모조리 거두어 가버렸다. 오늘이 막막해졌다. 빨래는 보송보송한 꿈 하나로 물살을 기꺼이 타고 있을 것인데…… 햇살이 쨍한 베란다를 어디서 빌려오나. 흐린 날씨의 소품인 창문과 커피도 엉거주춤해졌다.

 베란다를 그냥 두고 커피를 사러 나갔다 와도 베란다는 그대로이다. 하늘을 채운 구름을 바라보며, 커피를 마시고 구름에 빨려들어 빨래를 잊어버리고 싶은데…… 세탁기의 종료음이 들린다. 빨랫줄은 튼튼할 것이다.

 흐린 날씨를 상대로 전면에 나선 것은, 빨래가 아니고 당신이다. 세탁기 안에서 대관람차처럼 몇 번이고 뒤집어지며 호된 물살을 겪은 빨래는, 햇살이나 구름에 연연해하지 않는다. 티끌만한 배알도 다 털어버리고 오체투지로 허공에 진격해 있는데, 당신은 아직도 흐린 날씨와 대치하고 있다.

 커피가 바닥이 날 때쯤, 당신은 빨래만큼 도약할 것인가.

 빨래를 널어놓고, 흐리고 맑은 것의 차이를 갖고 옥신각신하다가 고개를 들어 먼 산을 볼 때쯤, 당신 안에 맑은 햇빛이 감돌면 좋겠다.

2부

홍시

익숙한 노을의 어떤 얼굴, 아이 낳고 속고갱이 썩힌 뒤의

야들야들하고 말랑말랑한
갓난아기 안는 마음으로, 손에 성작을 든 것처럼

마음 비우고 바구니로 내려온, 그 마음 안다는 듯

서로 격리하며 컴컴한 공간에서 푸른 하늘을 잊어버리면
상상 속에서 단맛은 깊어져 가고

둥글게 부푼 공의 굴러가는 숙명을 실컷 굽어보았다

애초부터 이목구비 없이 밋밋하고 둥근 나
오직 한 자리에 정좌해 있다가

부드러운 손길에 그냥 눈을 감을 뿐

방문객

정체가 불분명한 자가 찾아왔다.
지리멸렬이라고 자기소개를 했다.
나는 갸우뚱하고 있는데, 맑은 하늘에 구름이 생기기 시작했다.

하루가 지난 뒤, 그는 미로에 나를 밀어 넣었다. 특별한 사건은 없었다. 다만 아이스크림을 두 개 먹는 꿈을 꾼 것밖에……

형체 없는 그는 나의 밤낮에 출몰하여 내게서 조립 나사를 빼버렸다.
모래톱에 묶인 폐선의 무기력이 넘실거렸다. 일상이 하나씩 끊어졌다.
마을 밖으로 쫓겨난 것처럼, 마음을 점점 잃어갔다.
그는 거인처럼 행세했고, 나는 좀비처럼 거실에서 넘어지고 비틀거렸다.

밤엔

막막한 수평선만 보이는 곳에 끌고 가선, 돌아가는 길을 뚝뚝 부러뜨려놓고 구석에 숨어버렸다.
나는 제대로 울려고 꿈에서 깨어났다.

그의 점령으로 마음은
손가락 사이로 빠져나간 모래처럼, 나를 빠져나갔다.
목소리도, 이야기도,
본드 같은 침묵으로 움직이는 화석이 되어갔다.

그가 낮잠 자는 틈을 타
숲길로 달아났다.
대지의 여신에게 돌아온 패장처럼
맨발로 한 걸음, 한 걸음……

게발선인장 꽃

붉게 직진해온다 움찔,

한껏 추궁해도 괜찮아, 이젠 다 풀어헤칠 수 있어

내일은 거룩한 재의 수요일*,
탈탈 털어내자

춤도 제대로 못 추고 여기까지 왔다구?
성인聖人이 되지 못한 우리는 계속 춤추는 수밖에 없어

무거운 죄는 날려버리자

꼭 쥔 것은 연필밖에 없는데, 아직도 개발새발 종이 한 장

게발선인장 꽃을 와락 끌어안고

---

* 가톨릭에서, 사순절이 시작되는 첫 수요일에 자신의 죄를 참회하는 뜻으로 머리에 재를 뿌리는 의식을 행한다.

재가 되지 못한 것들과 죄의 궤적,
한바탕 뒤엉켜 밤을 흔들자

화려한 춤이야말로 슬픈 체념**인 것은 모른 척,
흐드러진 꽃을 흐느적거리게 하는 바람이 저기 와

깃털 왕관 쓰고, 세상 무서운 것 없는 사자처럼
활활 태워 보자

** 정지용의 「채플린 흉내」.

열무

눈부신 순교로 밭의 숨소리는 아침마다 푸르다
물주는 발은 햇빛 한 줌 바람 한 방울 샐라, 수도원 수사처럼 고랑을 지난다

씨앗은 모든 시간을 품고 있어서, 가장 작아도 자족하며 그 침묵은 고고하다

씨앗처럼 제 운명을 받아들이는 자가 있을까
죽음이 내정된 슬픔에도 오직 묵묵할 뿐이다

누군가의 손을 거쳐 밭이라는 지평선에 뿌려진 뒤,
아무도 알아듣지 못하는 방언을 터뜨린 뒤 사라졌다

땡볕 돌다리를 건너온 푸른 잎사귀가 절여지는 것을 보며
점령군처럼 쳐들어오는 저녁도 숨을 죽이며 조용히 응시했을 것이다

절인다는 것은 조용히 다독이는 것

수십 년간 김치를 담근다는 것은 끓어오르는 마음을 내밀히 다독이는 방식

초여름 식탁은 얼마나 싱싱한 냄새로 가득한가
항아리에서 숙성된 식물성 평화는
둘러앉은 사납고 심란한 자세에도 거부할 수 없이 스며든다

라라의 초상

화려한 정오 같은 건 없어

발목 잘린 구름
방황과 시계 사이의 곡예
진창과 초원의 분열된 지도
지하도 입구 깡통의 침묵
날개가 퇴화해 가는 것도 몰랐다

꽃과 나무의 남쪽은 남의 옷
밤과 동굴의 북쪽은
꿈속 엄마보다 아늑했다
방바닥에 엎드린 등에서
기차가 자라났다

잿빛 하늘에 은빛 지느러미 보이는 날엔
무작정 걸었다 생에 낀 마를 걷어내는 의식을 행하듯
비 오는 날 비둘기가
처마 밑에서 바알간 맨발로 글썽거리는 것처럼

생이라는 허공에 간신히 달라붙었던 자벌레의 시간
연두와 분홍은 천 리 밖 사건이었고
화살표 없는 자유는 나날이 부르텄다

오늘도 문장은 난수표를 더듬는다

섭지코지

거기 갔다
길은 가까워지고, 멀어지고, 숨기며 깊숙했다

비가 오기 시작했다 비는 해안가 산책로 밖의 것은 아무 것도 보여주지 않고
연대니 선돌바위니 유서 맺힌 이야기는 끝까지 감추었다

아무것도 못 보고 온 거기는
이름 부르는 것으로 사랑을 다 했던 시절처럼
이탈리아 어딘가에 있다는 트레치메 디 라바레도처럼

언제까지나 낯선 곳
먼 곳에 있고, 뭔가 감추어져 있고, 아무리 가까이 가도 닿지 않아
아이가 손에 쥐고 자는 구슬 같고

그저 이름만 조용히 불러보면
흔적 없이 스러진 횃불이 멀리서 소리치며 타오르고

서슬 시퍼런 선돌바위의 폐부는 오늘도 끓어오른다

비가 감춘 사랑의 폐사지
한 번씩 풍덩
출렁거린다

콘셉시온[*]

시를 덮었다. 호주머니로 왼손을 닫았다.

나를 둘러싼 것들이 온통 암호가 된다. 저기가 사라지고 여기에 갇힌다.
정오가 캄캄하다. 베란다 잎들만 문득 다정하다.

벽에 붙은 세계지도의 지명을 적어본다. 가장 멀리 남미 꼬리에 있는
코킴보, 콘셉시온, 오이긴스, 비오비오……
주사위에서 나온 콘셉시온, 콘셉시온
낯선 이의 눈빛이 더 따스했던 기억을 떠올리며, 먼 이름을 입술에 새긴다.

한 뼘 하늘을 보며 실내 자전거 페달을 젓고 있는데,
마른 나뭇잎들 수런수런 베란다에 푸른 구름들 부려놓는다.
유리창을 다 열고,

[*] 콘셉시온 : 칠레의 도시.

실내 자전거는 새로 날아오르고, 주문을 외우며

태평양을 건너 콘셉시온에 도착했다.

해가 질 때까지, 벽화가 살아있는 언덕을 둥글게 오르내리는데
손등을 핥던 바람이 먼 지붕을 가리킨다.

먼 지붕 발파라이소**, 인광처럼 번득인다.

저기를 불러본다. 다시 왼손을 열었다.

** 파블로 네루다의 집이 있는 곳.

선

눈가의
시간을 지웠다
팽팽해서 얼굴이 거울을 뚫을 듯하다

새 기분으로
안녕하세요?

웃어지지가 않는다
진짜 웃어보려고 입꼬리를 힘껏,

눈이 운다
웃어보자는데

마음이 안 통한다

마네킹처럼 눈을 뜨고 있어야 한다
눈가의 희로애락 수만 겹
문득 사라지고

굵고 가는 선이 흐물흐물해져
이젠 선禪에 들어가고 있을지도 모르는데

아뿔싸, 불도저가 산을 민 것처럼
그림자와 빛이 같이 없어졌다

로댕이 와도 새겨 넣지 못할 건데

정상에 도착한 뒤, 올라간 길 없어진 것처럼
무섭다

백

눈 온 날
고운, 눈을 밟는다

씁쓸했던, 달콤한

건강 검진하러 가는데 눈을 밟으니
마음이 수런거린다

기실 보여주고 싶은 것은 마음인데

눈을 보면, 잠자던 통점이 깨어난다
멀리서 지켜보고 있다가 내가 강을 건너기 전에
다리를 부러뜨리고 휙 떠나버린, 어떤 손
알지 못할 커다란 손,
그 길은 결국 백지로 이어졌다

무서운 약들은 대개 백색이다
환부가 황홀해지는 이 백색,

눈을 꼭꼭 밟는다

눈 온 날
오래된 마음이 자가 검진을 한다

눈사람이 사무친다

모자 쓴 배롱나무

　악몽과 환몽에서 가까스로 벗어났을 때, 시월의 배롱나무가 걸어왔다

　모자 쓴 여자들이 하나둘 병원 로비를 지나간다
　모자는 비장하다 까무룩 잠든 꽃도 놓치지 않는다
　모자는 기중기처럼, 절벽으로 떠는 여자들을 들어올려
　머리가 사라진 머리를 덮어준다 감쪽같게

　모자에 대한 창백한 주석으로 휘청거리다가
　골목의 붉은 사과 트럭, 언젠가 꾼 꿈속에서 건너온 것인가
　한참 바라보니 그제야 집이 생각났다

　서랍에서 가슴 졸였을 모자들을 얼싸안고
　머리가 그대로 있어 좋아,
　그래, 참 다행이야
　대신 모자에 넣을 것이 많아졌어
　상처, 경악, 치욕, 공포, 눈물……

당분간 모자는 보자기야
머리 대신 그것들을 다 집어넣을 거야
자꾸 부풀어
모자 덕분에 바닥에서도 부풀 수 있으니
진작부터 품은 모자에 대한 로망, 선견지명인 거지
모자는 더 도도해지기로 했다

창문 밖의 배롱나무도 눈을 찡긋했다

쇠소깍에 들다

헤맨 걸음이 비로소 멈춥니다
늘 누워서 하늘을 바라본 채 구석이고, 고요합니다

바다를 보며 에메랄드 단단한 물빛이 되기까지
수심은 시퍼런 속을 감춘 채 혼자를 견뎌왔을 것입니다

내 안에서 들끓고 있는 그 무엇도 저렇게 빚어지겠지요
테우*는 짐짓 시치미를 뗀 채 일렁거리는 그림이 되고 있습니다
누구라도 와도 그만 안 와도 그만인 듯 비어있네요

웅덩이는 기암괴석과 소나무의 비호로 바다 옆에서도 눈부십니다
테우를 타고 숨은 매혹을 한 바퀴 돌다보면
주머니 속의 거울이 맑아질 것 같아요

해변의 검은 모래는 어쩐지 고개를 숙이며 걷게 하네요

* '뗏목'의 방언

서랍은 정리되고 내상의 찌꺼기를 흘려보낸 뒤
출발점으로 다시 돌아오게 됩니다

영래 칼국수

한껏 걸어 왔는데
어쩐지 내가 마른 나뭇잎이고 헐렁한 가방일 때

오래전 살았던 집 지붕의 기분 같은

20년째 내오는 국수, 드나드는 얼굴들
장독대 채송화 닮고
주머니엔 팽나무 그늘이나 비둘기 보드라운 날개가 들어 있다

후루룩 넘기며 뜨겁게 젖었던 날들을 툭, 끊어내고

기차 레일처럼 열려 있는 젓가락으로 닿지 못한 길 마음껏 휘휘 젓는다
칼국수 앞에서 서로 다른 어깨들은 비슷해지고

혼자서도 싱겁지 않다

주인 잃고 골목 헤매는 어린 강아지 같은 영혼이
먼지를 툭, 털고 돌아오는 시간

데자뷔
— 성목요일

급하게 이사를 하고 보니 모텔 뒷골목이다

고통이 참으로 찬란한 날도 있다 돌에 맞은 것처럼
시가 오려고 하나 보다

겨울에 외투 입고 맨다리로 편의점에 갔다
카운터 남자는 털모자를 쓰고 트롯을 틀어놓고 있었다

초코칩을 샀는데, 수상한 웃음이 번진 얼굴로 계산을 한다
한참 뒤에 생각났다 겨울 모텔 뒷골목의 맨다리는 위험하다

사람 속엔 시가 살고 있다
내 찬란한 속을 엿본 그는 시인이 되고도 남겠다

숨이 한 번도 안 끊어졌다는 것은 기적이다
이것만으로도 자비는 넘친다 누군가 춤추는 작두에 나를 올려놓기 전

오후에 다시 한 번 그 편의점을,

바지를 입었는데도 그 남자의 여전한 미소
대낮의 눈깔이 나를 벗기는 듯하다

삶이 비극으로 끝나는 소설 같고 몰아보는 주말 드라마 같을 때
애도의 한 잔은 설탕보다 달콤하다

천국엔 없을 것이니 티켓팅 하기 전에,
아니 아니 스페인 티켓팅은 먼저 하게 해줘

꽃 피는 봄날
나자렛의 밤은 에피타이저로라도 맛보게 해주면 좋겠어

내 마음의 감옥

내 살과 뼈에 여린 입술을 대고 수액을 빨아들이던 너

은빛 머리 새를 찾아 동백 열차를 타고 떠난 뒤
나는 빈 태胎가 되어 바람에 흔들린다

안개 가득한 기억 위로 쓰나미처럼 밀려드는 잠의 군단
물기 잃은 영혼은 떠내려가고, 삽시간에 한 뭉치의 눈이 되어버린

내 걸어온 길

너로 인하여 박하 향 꽃을 피웠던 아침은 꿈결이었던가
깨진 무릎으로 장미를 심었던 것은 구름의 시간이었던 것일까

너 떠나고 난 뒤,
연둣빛 부리의 새가 놀았던 창문 앞엔, 부러진 하루의 관절이 쌓이고

잠의 주술에 걸린 정오는 새우등처럼 꼬부라진다

푸른 새로 들떴던 지붕도 무거운 악몽으로 무너져 내린다
들리는 것은 오직, 안개가 가속 페달 밟는 소리

내 몸에서 차오르는 고양이 푸른 눈빛의 문장
그 밧줄을 잡고 기어오른다
똬리 틀던 바람들
쉿-

베고니아에서

너를 찾아 헤맨 지 여러 날,
사막이 지나간 입술,

빈손으로 지향 없는 발길을 내딛었다.

꽃 좌판, 베고니아가 윙크하였다.
처음 외웠던 꽃, 처음 내게 왔던 아이를 생각하며

돌이고 어둠이었던 꽃도 열렸지.

'일주일에 물 한 번 주세요'
'이번 봄은 고사시키지 마세요'로 듣고

젖병 물리듯 물을 줬다.

심벌즈의 자세로 환하게, 붉은 영감,
네가 오는 건가.

먼 부재를 안고 외웠던 꽃
어둠의 주술에 묶였던 시간을 풀어 주는가

입술에서 문장으로 가는 길
네 목소리가 들리는 듯

실종

거기서 양화대교가 보였지
그런데 거기가 어디지? 머리가 하얘진다

마음속엔 둥긋이 건물이며 마당이며 동상이며 올라가는 길이며
훤해서 곧장 뛰어갈 듯한데
매일 두 손 모아 빌었으니 다 알고 있을 손은 입이 없고……
거의 매일 중얼거렸는데 입술은 함묵증을 앓는 듯 굳어졌다
안개가 단어를 삼키고 나를 지운다
이런 것이구나

다시 기억을 하나하나 떠올려 본다
거기서 양화대교를 자주 바라보았고 양화대교란 시도 썼는데
나 자신이 낯설어진다
핏빛 이야기가 흘렀고 핏물이 돌에 새겨진 곳인데

도무지 생각나지 않으니
한순간 구름으로 변신한 내게 지나가던 구름이 엉겨 붙고
홀연히 다른 구름을 따라가도 이상하지 않을 것 같다

다리가 끊어져, 강 건너 집을 바라보기만 해야 하는 것처럼
집은 생각나는데, 길을 잃어버리는 것이 이런 것이구나
안개가, 모두 삼켜버리고 끝내 시치미 떼는 거구나

아, 거기
절두산

3부

섬

그는 그림자 속에서 잠만 잤다
모든 빛은 냉장고에 보관되어 있다
발을 디디는 곳마다 밤이 물컹거린다

첫눈이 온다고 머리맡에서 속삭이던 사람
꿈속에도 보이지 않는다
생각날 때면 산이 보이는 베란다 저 의자에 앉았다
움푹 들어간 빛바랜 의자
맹인처럼 더듬거렸을 두 팔이 허공에 수북하다
온기가 꺼져가는 마음과
아무것도 보이지 않는 거울은 서랍 깊이 밀어 넣고
바다로 떠내려가는 꿈도 더 이상 꾸지 않는다
오래전에 내다 버린 발목이 가끔씩 돌아오는 날엔
 수취인불명이란 딱지를 붙이는 꿈이 다녀갔을 지도 모른다

 결국엔 자신도 모르는 사이에 마지막 자세를 만들어갔다

향기의 완성

산길에서 휙 솜 망치에 맞았다

한 그루 한 그루 마음의 잡목도 지나며 점차 간결해지고 있었는데
아카시아 향이었다

구애는 일단 후각의 형식을 빌린다
꽃과 벌과 나비의 현란한 관계를 누가 알까

4월의 꽃 없는 나무를 보면서
저 꽃나무 이름을 아세요?
한 여자가 모르는 사람에게 말 건네는 것도 향기 때문이다

고양이 한 마리와, 마치 누군가이듯 나란히 걸은 적 있다
야산에서 휙 날아와,
길을 걷는 호젓한 내 옆에서
다리를 쭉쭉 펴며 걷는 게 아닌가 윤기 도는 몸을 살랑이며,
필시 누구라는 듯

화이트머스크*라는 바디 로션을 바른 날이었다

긴 시간 홀로
외로움과 쓸쓸함을 기르다가
향기에 첨벙 뛰어들고 싶었나 보다

야산에서 펄쩍 뛰어오는 고양이처럼
나의 향기로 돌진해 올 당신, 누구신가?

* 사향노루로부터 추출한 향료.

어쩌다 장미

부음을 접했다

비닐봉지를 뒤적거린다

잔디밭에서의 일별 그리고 불가해한 감정과 섬광
사과는 이빨 자국을 안고 허공으로 사라졌다

눈앞에 골목이 나타나고
아무렇지 않을 깡통이 놓여 있고
그런 상상을 하며

모르는 곳으로 가서 레이스 같은 청춘을 묻었다 주문을 외우며,

손톱을 바투 깎았다 그 계절이 다 갈 때까지

몇 줌의 흙을 뿌린다

가끔씩 오독
또는 해독

비닐봉지를 꽁꽁 묶는다 썩지 않을, 버리기는 쉬운,

나도 알 수 없는
까마득한 장미

마흔여섯 채의 슬픔

너는 매일 천 개의 밤을 건너고
나는 매일 천 개의 해를 찾아다니느라 발이 부었다
너 떠나고 난 뒤
첫서리 같은 난데없는 한기가 나를 덮쳐오는 동안
나는 생의 마지막 페이지를 넘기며
지난날들의 고혹과 병증을 어루만진다
텅 빈 얼굴 속의 바싹 마른 입술과 입술이 만나
생의 바닥을 적셨던 날들
한 번도 하지 못했던
복사꽃빛 한 마디 말이 가시처럼 목에 걸린다

내 전부를 네게 들이밀면
네 뼛속 살 속에 맺혀 있을 이슬방울이 내 머리카락을 축이고
네 전부를 껴안으면
삭정이같이 삭은 어깨에서 제비꽃 피어난다

네가 천 개의 밤을 건너는 동안

나는 들길의 풋순 같이 쑥쑥 자랐다
네가 건네어 온 한 줌의 온기에
천 년 전의 소식 같은
마른 얼굴을 다시 보며,
네가 첫봄처럼 오던 날을 생각한다

보아라, 손 없이 손잡는 저 꽃들, 풀들
저 여린 것이 끝내 열매가 되는 순서를
아가의 숨결같이 피어나는 너를 바라보며
나 이제 이 세상에 없는 마음의
집 한 채 짓고
그 고요 속 소슬한 난간에
나를 눕힌다

마지막 자비

도화지에 날개를 그렸다
내가 포도주처럼 깊어지면
장미가 담장을 기어갈 아침이 오고
새 한 마리 날아오를 것이라 했지만
새는 보이지 않았다

나는 어항 속에서 살았다
물만한 낙원이 없다
자라지 않는 발은 조금씩 퇴화하고
이빨은 제멋대로 뿌리를 내리고
뼈는 골다공의 미학에
너무 일찍 도달했다
흙이 묻지 않은 발에게
땅은 가장 무서운 곳이었다

 창가의 햇살은 부시고 나는 소파에 잠겨 있다. 이 아늑하고 커다란 손은 기억하지 못하는 태반일까. 손은 포근하거나 우악스럽거나이다. 땅을 짓밟은 적 없는 나의 얼굴은 천사의 날갯죽지 하나 떨어진 평화로 얼룩져있다. 또는 어머니 품 같은 안도감으로 씰룩거린다. 가끔 소파가 나를 떨어뜨릴 때가 있다. 소가죽 소파는 아주 드물게 나쁜 꿈을 꿀 때가 있는데, 방목되던 풀밭으로 달려가는 소떼의 뒷다리에 차이는 꿈을 꾸고 뒤척거리면, 아득히 추락하곤 했다.

    기차. 녹조 융단을 밟으며 먼 곳으로 달리는 기차는 겨우 남은 꿈이다. 팔이 한없이 길어져 세상 끝까지 닿을 것 같았는데 짧은 발의 비명 소리에 눈을 뜬다. 밤새 나를 지켜준 음악에 젖은 두 손을 확인한다. 바나나를 안고 방에 들어섰던 것과 데굴데굴 구르는 웃음 조각이 따로 따로 떠오른다. 허공을 뚫고 온 새의 그림자는 누군가의 손,

    그르렁거리는 소리조차 아무도 듣지 못할 때 끝까지 나를 품어주는 것은 소파일 것이다. 처음 나를 안아준 커다란······

손톱

폐허가 참으로 익숙했고 발을 빼낼 힘도 없었을 때
나를 끌어내 주었던 너는 설레는 미풍이었는데

네 속에서 너를 몰아세우는 바람의 끈을 놓쳐 버린 것일까

많은 바람이 튀어 나왔고, 한 자락 바람을 업고 사막으로까지 달아나도
너는 어디에서고 나를 찾아내었다

뼈과 같은 바람과 싸우며 실핏줄까지 닳은 몸
더러는 반짝이기도 했던 잎들 놓치고 싶지 않았는데

어느새 내게 스며들어 손톱이 된 너

내 것 같기도 하고 아닌 것 같기도 한, 아기 입술 같은 손톱이 꼭꼭 박혀 있다
놓치지 않겠다는 듯 아니 어쩌면 너와 나,

아무도 모르게 천년 잠 속으로 빠져들고 있는지도 몰라

날카로운 것엔 늘 곤두서 있던 몸, 이젠 공존의 시간을 둥글게 다듬어 줄 쇠붙이를 기다린다
내 속 깊이 박힌 너, 내 속에서 매일 자라는 너

불안의 껍질과 긴장의 밤을 깎아내며
저녁처럼 고즈넉한 풍경으로 잦아든다

능선

지상이 낯설었던 적이 있었다

점점 벼랑 가까이,

산밖에 없었다

산에 젊음을 거는 사람들을 찾아갔다

땅속에서 다른 하늘을 더듬는 기분으로,
산에 어떻게 가나요?

누군가 이야기해주긴 했는데,
생각해보니
출가하려다 만 것을 어떻게 알지?

산이
내게 쓰러진 것인가
혼미해지기 시작했다

내가 모르는 이정표를 만지작거리고 있었을지도 모를 일

다른 하늘이 열리는 것 같았다
등산이라는 비상구로, 길도 조금씩 찾아가고
자주 웃기도 했다

가르쳐주는 대로 올라간 첫 암벽 이름은 아직 뚜렷한데
그쪽엔, 구름밖에 없다

이런저런 징검돌
끝내
다른 하늘의 것

그곳

번호 없는 수인이었다
행간에 갇힌 그림자

구름으로 쓰러져 있었다 아침이 몰고 오는 햇살의 파도를 피해
손금 속에 갇힌 태양을 만지작거리곤 했다

백양나무 숲으로 가다가 길을 잃어버렸다
꽃들은 고개를 돌리고
나는 낯선 섬이 되어

어느 봄날 연두색 원피스를 입었다
겨울을 찢고 나온 풀꽃처럼
아니 무릎으로 기어온 생에 대한 제의祭衣로

통점이었던 어떤 이름에서 별이 뜨고
아무도 모르는
그믐 같은 눈물에서 청동의 보름달이 뜨면

문득 백양나무 숲에 닿아 있을 것이다

그곳에선 파닥파닥 날아오를 것이다
핏빛 발자국도 눈부신 퍼즐이 되어

화신花晨*

죽음만큼 완강한 어둠의 담쟁이덩굴에 감기었던,
햇빛 아래선 어쩐지 외계인이 된 것 같아
늘 북쪽 의자에 앉았던,
구르지 않는 이끼 낀 돌멩이의 가수면 상태에 빠졌던,
내디딘 길마다 몸 비틀어 토해 낸 안개로 앞이 안 보였던,
변두리 가구점에서 먼지 덮어쓴 책상 같았던
그의 유서 깊은 우울을 담고
종착역을 모르고 달리던 기차가
동백역에서 잠시 멈추었다는 화신花信을
베고 잠들었습니다
그의 부서진 시계가
동쪽으로 조금씩 이동하여
아침에 닿을 때까진
봄이 머물렀으면 좋겠습니다

* 花晨 : 꽃이 핀 아침.

X-기념일

케이크를 샀다

내 언저리에 주둔해 있던 안개에서 달아나는데
네 허벅지 속에서 나비로 태어났던 기억이
무덤에서 기어 나와 나를 쿡 찌른다

자, 우리도 촛불을 켜고 축하해 보자
케이크에 박혀 있는 체리 빛 눈동자가 튀어나오기 전에

한 조각 베어 먹는 순간 목이 막혔다
케이크 속엔 켜켜이 쌓여 있었다
녹슨 레일에 뒹구는 빨간 구두, 등걸에 말라붙은 입맞춤. 못을 꿈꾸는 목걸이
한때 하늘거렸던 개양귀비 꽃 모가지 꺾이고
달콤한 목소리의 시퍼런 날이 숨어 있네

자, 우리도 다정하게 케이크를 자르자
진창 속에 묶인 시간들을

파주

멀리

너는 파주를 벗고
나는 눈빛을 숨기고

네가 좋아하는 장미와 포도주를 들고

듬성듬성한 봉분 앞에 깐 돗자리
처음처럼 눈부시고 따뜻했다

시월에 간 너는
먼 추억으로써만 오고*

정말 멀리 갔다는 서류 한 장 만지작거리다
봉투를 찢어 고물고물
남은 마음을 부장품처럼 새겨 넣었다

---

* 김춘수 「꽃의 소묘」.

장미 넝쿨이 뻗어 오르는 날
파주행 기차는 나를 지나가고

너는 온다

환하고 幻하다

   십 년 키워온 고무나무가 죽었다.
   혹한의 베란다를 멀찌감치 밀어내다 보니 겨울이 다 갔다.

   꽃집의 나무가 멀리 보이면, 움푹 파인 화분이 생각나 고개를 돌리며 다녔다. 그해 봄은 안팎으로 파근파근하기만 했다. 바싹 마른 둥걸에 계속 물을 주는 이가 있었다. 토루소의 가는 숨결을 혼자 들었거나 뿌리가 칭얼대는 꿈을 꾸었는지 여전히 허리를 굽히고 물을 주고, 나는 다른 화분을 생각하는 봄이었다.

   어느 날 연둣빛 피 한 방울의 우주가 탁 터졌다. 베란다는 다시 환해졌고, 고무나무는 여전히 무던했다.

   그해 꽃피고 지는 동안, 노루잠으로 사위어가던 이가 베란다의 뭉툭한 생에 부어준 마음 한쪽

   고무나무가 幻하다

사과를 먹듯이

그가 내 뒤통수를
사과처럼 사각사각 씹어 먹는 소리
오! 즐거운 알람 소리
나는 스멀스멀 그에게 다가가서
마지막 편지로 그의 목을 살짝 조여 보지요
그러면 몸속에서 졸던 날개가
겨드랑이를 뚫고 나오네요
우리는 다시 2인 1조가 되어 출발선으로 돌아가요
그가 가끔 보이지 않는 끌을 갖고 내 얼굴에 골을 파주면
나는 언어를 부숴서 토닥토닥 바르고
가부끼 인형이 되어 밖으로 나오지요
아이들은 아이스크림을 혀로 핥아먹으며
햇살 아래로 뛰어가고
나는 구멍 난 뒤통수를 햇살이 다 핥아먹도록
햇살 아래를 천천히 걸어요
꿈속처럼, 꿈꾸듯 걸어요
뜨거운 햇살 아래서
사과의 둥근 살이 부풀어 오르는 것처럼

벚꽃청심환

삿갓구름이 심장 아랠 파고들어 잠을 깼다
식탁 위 햇살 조각과 그림자놀이 하던 충혈된 눈알은
밖으로 내달렸다
구름에 절여진 몸
모퉁이의 전봇대, 슬며시 덮인 맨홀 뚜껑에도
흠칫
대낮이 목을 죈다

개나리가 담벼락에 천지다
봄빛도 알아보지 못하고 허둥대다가
안에 있는 노란 얼굴 꺼내어 담벼락에 붙어 섰다
지나가던 봄바람 한 자락
할딱거리는 소리 옆에 머물며
바리케이드를 친다

종일 쫓아오던 구름
노을 앞에서 쉬는 틈을 타
얼른 벚꽃나무 아래로 들어가

새 한 마리 지나가지 않은 꽃 융단에 얼굴을 묻는다
꽃잎 한 주먹에 달빛 한 스푼
만월처럼 차오르는 유리병을 안고 잠드는 오늘 밤
幻하게 하르르 하르르 날아오른다

삿갓구름, 넌 하시시가 어때?

봄

도심에서 놓친 담배를 시골 구멍가게에서 사던 어느 시인
 아웃사이드엔 뭔가 있다고, 혁명도 밑에서부터 올라온
다고
 긴 속눈썹이 작은 소신처럼 바짝 치켜져 있다

남들이 연애하고 벚꽃놀이 갈 시절에 강냉이를 안고 같
이 버스를 기다렸던 네 방에서 바닥에 바닥을 깔고 잡지를
뒤적거린 구멍 뚫린 오후로 시를 쓰고, 지금은 감감한 너
와 함께
 눈 온 날 아침 망원동에서 걸어 푹 젖은 구두
 엄마의 아랫목 같은 포장마차에서 가장 싱싱했다

창경원 밤 벚꽃 뉴스가 돌처럼 씹혀도 꿈꾸는 가방이었다
 가방을 타고 눈부신 바깥에 이르고자 했다
 '지옥에서 보낸 한 철'*에서도

책가방은 수천의 창을 달고 모든 것에 닿는 가능성의 바
퀴였다

* 아르튀르 랭보의 시집.

혼자 등불을 확장시킬 때마다 나타나는 그림자
쌀 몇 톨로 점치는 이가 그랬던가 문밖에서 책가방을 들고 운다고
스물한 살에겐 귀신 씨나락 까먹는 소리였는데

부풀었던 사과가 우박에 떨어졌다 검은 구름이 달을 덮어버렸다
안에 붙어있는 주머니에 불시착했다

둥둥 떠내려갔다 책가방은 꿈 밖으로 떠내려갔다
주머니의 계보를 이었다 둥둥 북이 울린다 주머니는 힘이 세다

변두리는 밀려서 꿈틀거린다 봄을 놓쳐 시를 쓴다
가방은 나도 모르는 심연인가
영화에서 여배우 얼굴보다 가방이 먼저 보인다
가방의 심리학이 꿈틀거린다

밤엔 구름 가방의 뿔을 더듬는다
멀리 몽상가의 눈썹이 자란다

벚꽃 후기

벚꽃을 보러 갔네
내일 비 온다는데,
막차에 매달린 기분으로

벚꽃나무는 이사 나간 집처럼 어수선했네
바람이 여러 번 다녀간 흔적이 도처에 뚫려있네

축제의 막이 내린 희미한 골목을 휘돌아 나오네
내년에 오라는 속삭임이 명치를 찌르네

그 말이
밤기차를 타고 떠난 사람의 어깨처럼 글썽이네

얼음에 갇혀 있던 통증이 내게로 돌아왔네
꽃을 검정으로 덮어씌웠던 날들이
무량한 꽃잎으로 피어나네

온몸에 눈을 달고 그 날의 벚꽃 찾으러 가네

길에 얼싸 안겨 분홍 숲의 미아가 되어도 좋겠네

던킨도너츠

던킨도너츠를 조심해

초콜릿 듬뿍 던킨도너츠 섬벅 베어 먹는 순간,
유형의 시절 악몽 같은 사랑
입속으로 확 들어올 거야

오래 낯설었던 시간이 혀를 덮치는 순간 우우,
아무 말도 못 할 거야

끝까지 갉아 먹으면서 기차를 타고 가버린 사랑,
이젠 입속에서 꼼짝 못 하네
그 병신 같은 사랑을 뒤늦게라도 와작와작

오래된 사랑의 먼 냄새,
입안 가득 차오르는 붉은 향기에 쾌재를,

잠깐, 입속에서 녹아 흐르는 입술에
또 몽롱히 빨려 들어가지는 마

가라앉아 있던 흉터는
푹 꺼진 눈 허기진 배 보이며 달려들 거야

꽃 진 자리 감미로워도
날름거리는 혀는 감춰야지

던킨도너츠 먹을 땐 정신을 바짝,
유효기간 지나간 사랑에 먹히면 안 되지

드라이플라워

기차가 들어오고 네가 보였다
거대한 도시를 마실 오듯 설렁설렁
동안거를 마친 바람 같은 얼굴로

왔구나, 정말 왔구나
익숙한 느낌이 기차처럼 설렜다

진짜 너가 맞니?
너도 너가 맞니?

우리는 각각 하얀 드레스로 약속했을 것이다
지난날을 눈처럼 하얗게 만들고 새로 시작하겠다고

아마도 비슷했을 것이다
우린 소울 메이트였으니까

내가 몰랐던 시간만큼 너는 다른 사람이 되어 있었다

광장으로 사당동 언덕으로
푸르게 출렁였던 심장의 전사였는데
명동이 아닌 도서관에서 밤낮을 켜켜이 쌓으며 불타올랐던 너였는데
다 버렸다고

치열했던 네 젊은 영혼이 잉태한 꽃은 꺼지고
공허한 어둠을 헤맸겠다
책으로 부풀었던 가방은 한낱 재가 되고 말았구나

그 시절의 꿈은 마른 꽃잎으로 바스라지고
함께 먹은 밥은 끝까지 푸석푸석했다
화양연화 같은 햇빛이 둥근 어깨를 감싸주었지만
우리의 건조한 이야기는 한 줌의 모래처럼 흩어지고

넌 다시 기차를 타고 구름이 모여 사는 바닷가로 갔고
네 신호음은 뚜 뚜 뚜

4부

크레바스 그리고 풀

낮술이었는지 낮잠이었는지
몽상에 빠진 발목이 행방불명이다
잘못 누른 화면처럼 증발해버린 말
멀리 달아나버린 목소리들
사물과 시간 속의 색깔이
다 빠져버린 그런 날이 있다
회색이던 것이 점점 검정으로 이동하고
서서히 가라앉는 섬의 일부로 편입된다
모든 질문을 삼키는 리모컨에게 허리를 굽히는 찰나
벽에 양말이 걸려 있다

도시의 피톤치드가 자라는 카페
안개 속에 있던 카푸치노가
카페모카라는 오류로 튀어나온다
구멍가게 색 바랜 사탕 같은 단맛
한 샷을 추가해주는 얼굴
발목을 세워주는 풀
풀과 풀 사이의 깊어지는 크레바스

유채꽃에서 배롱나무에게로

후줄근해진 운동화 코끝이 밖으로 향해 있다

천변의 나무들

격리로 휑했던 눈동자가 차오른다
지나가는 사람들, 몰라도 반가워진다
젊은 엄마가 밀고 가는 유모차에 날름 내민 강낭콩만한 아기 발
물에 잠긴 돌 위 오리의 바알간 발목
물가의 왜가리 그 희고 기다란 목에 반짝이는 아이를
지나치며 나도 반짝인다

길을 따라 걷는다
작은 다리를 건너고 공사 중인 습지를 한 바퀴 돌고
매일 조금씩 바뀌는 벌판과 산 너머로 내려가는 해를 보고
다시 돌아올 것이다
그냥 사는 것이다 바위 밑의 쑥부쟁이처럼
살아있는 것들로 살아가며

길에서 다져지는 것이다

천변을 뒤덮고 있는 유채꽃 더미
한 사발의 명랑을 마시고 배롱나무에게로 나아가자

기차가 휘날릴 날을 기다리는 것이다

술래가 없는 방

이렇게 꽉 안아 주다니,
블라인드만 부스럭거린다

술래는 결코 생길 수 없는
이 적나라함, 숨을 곳 없는 무방비
나만 무한 증식된다
어느 구석에서 뿔 달린 내가 솟아오를지 몰라

나로부터 멀어져야 해
내게서 나를 숨겨야 해

골목 끝에 대문 앞에, 저마다 동그마니
밖에 하루를 앉혀놓는 할머니들처럼
어디선가 자꾸 생겨나는 나를 피해야지,
반짝거리는 유리문을 밀고 들어선다

'파리에서 아침을' 산뜻한 카페를 지나면
빵 냄새는 열 사람의 손처럼 따스하고

커피 내리는 소리가 기적이 된다

오래고 깊은 풍상으로 안은 헐렁헐렁,
밖에서 밖으로 채운다

꽃은 시나브로 탈색되고

아침의 샐러드와 신문을 끝내고 나면
아편 기운이 사라진 사람처럼 구석에 몰리네

바위를 밀어 올려야 하는 그 남자의 하루가 배달된 건가
얼굴의 반을 가린 그날부터

이야기 주머니는 웅얼웅얼 늪이 되어가고
어서 오세요, 얼마예요, 카페라테 주세요,
손에 든 커피를 마시는데 목구멍으로 넘어가는 건 목소리이네

붉은 꽃, 월계수 향기 가득한
이탈리아 어느 수도원
해골이 놓여 있다는 조그만 방을 빌려
명상을 하고 싶은데
꽃이 멀리 있어 마음도 떠도네

눈으로 어루만진 꽃은

입술에서 분수처럼 다시 터져야 하는데

흰 바리케이드 안에서
시나브로 탈색되고 있네
꽃이 머금은 색깔, 색깔들

언제나 편의점

밤 버스 정류장 엄마보다 환한 야간초소

투명 유리문과 가지런한 물건들 사이
소리 없이 지나 카운터에서 비로소 유령을 벗는다

25시 부릅뜬 CC카메라와 바코드를 거쳐
빵을 사고 커피와 티슈를 사서

비닐봉지를 잡고 오는 골목
엄지발가락부터 따스해지는 기분

문을 열면 코끼리만한 침묵이 와락
겨울의 굳은 근육을 풀어준다

식탁 유리의 낯선 얼굴
오늘도 거울 속에서 다시 익히는 동안

의자의 삐걱거리는 소리

적막의 뻣뻣한 혀를 풀어준다

르누아르의 그림을 보며
내일의 구매 품목을 넣었다 뺐다 하다보면

잠에서 따스한 밥 냄새 올라온다

작은 봄

태양은 멀리 있고 구멍이 가까운 날들이다

태양 아래 활보는 아득하고 보이지 않는 바이러스로 칩거하니
보이지 않던 내가 여기저기서 튀어나온다

거의가 구멍의 모습, 꽃이 멀리 있는 봄이다

꽃나무를 지나쳐도 바리케이드에 익숙해진 마음은
걸음을 재촉한다

밖은 그동안 화려한 피신처였다

플라타너스 아래 마음껏 걷고, 백화점의 샹들리에 빛을 쬐고
카페 창가에서 혼자를 필사하면

사탕 문 아이처럼 구멍은 때로 낙관적이고 명랑해지기도 했는데

출구가 막혀 종일 구멍과의 싸움이다

버리고 싶고 잊어버리고 싶은데 번득이는 출몰에 몰린다

나를 뒤적여 가장 가까운 것들을 하나씩 버린다
유행 지난 옷, 유치한 색의 머플러, 귀퉁이 닳은 가방

어떻게 할 수 없는 기억을 수선하는 봄

꽃나무는 멀고
20년 된 고무나무 새 움이 눈부시다

능금나무의 말을 베끼다

모래처럼 외로운 시간엔
폐부의 힘으로 중심을 익혔다
누군가 흘리고 간
우정과 연모의 언어를 익히며
유서 깊은 속내를 다졌다
가을이 되면
시장과 식탁을 누비며 패권을 누렸는데

푸른 길은 문득 끊어져
늙은 가수의 노래처럼 쓸쓸하고
전설은 폐허처럼 잊혀져 갔다
폭우가 몰아치면 예감으로 뒤척였다
고사목의 운명이 다가오고

후미진 곳에서
식물인간처럼 가는 숨을 쉬거나
야생의 비탈에서
앉은뱅이 꽃처럼 보내던 여생,

무스타파 훌루시*가 깊은 눈동자에 담아
새 지평을 열어주었다
갤러리의 조명 아래서 어깨를 펴고
가끔은 나의 태胎를 떠올리다가
신부처럼 설레기도 한다
또 나의 오랜 친구의 이름도
옛길에 새겨졌다는 소문이 들린다
야생은 죽지 않는다 사라지지도 않는다

* 무스타파 훌루시 : 영국의 개념작가로서 한국의 꽃과 과일을 통해 유한성을 드러내는 작업을 하였음.

포즈

아래로 아래로
땅이 전권을 행사해
나뭇잎도, 열매도 끌어 내립니다
숲으로 들어온 사람들의 목과 눈도 아래로 지그시 잡아당깁니다
겨울은 사람들을 무욕과 사색의 길로 종용합니다
나무는 의외로 기세등등합니다 옷 다 벗은 사람의 시퍼런 서슬처럼
나뭇가지에 하릴없이 찔리는 건 마음밖에 없을 듯합니다
계절은, 만물의 영장들의 자세를 엿가락처럼 조종하지요
앙상한 나무들 사이로 들리는 새소리
노래보다는 울음에 가깝네요
하늘과 삐죽한 나뭇가지와 새 한 마리가 서로 바짝 붙어 있습니다
무언가에 가까이 다가가게 됩니다
아래로 아래로
자신 속으로 파고들어
숨어 있는 돌멩이에 걸려 넘어질 때쯤
허공은 단단한 품을 열어 칙사를 날려 보냅니다

산문에 들다

구름국화의 초대장을 받고 너를 만나러 갔네

내가 놓쳐 버렸던
꽃의 탄생과 소멸 사이의 시간 속을
혼자 거닐었네
내 속으로 스며들었던 나무와 풀과 하늘을
하나씩 찾아보았네
지나온 구비 마다 숨어 있는 소리와 무늬들
해가 질 때까지 걸어도 끝이 없네
끝없이 발자국을 길어 올리며 나 잠들었네
너의 매혹을 벗기며 흘린 은빛 눈물
너와의 숨 막혔던 시간들
이제 물기 빠지고
바스락거리는 껍질
손에서 빠져나가네
너로 인해 탱탱했던 한 계절의 눈이
스르르 감길 때
나는 조용히 외투를 걸치고 책상 앞에 앉아
산문의 아랫목에 발을 넣네

아, 베르가모* 2020

*

　소피아(75)씨는 집에서 산소탱크를 달고 있다가 병원으로 갔다 마스크와 장갑을 낀
　가족들의 배웅, 이탈리아 국기가 꽂혀 있는 발코니에서 손 흔드는 6살 손녀
　꽃가게는 닫혔고
　그녀 묘지엔 정원에 있던 바람개비가 돌아가고 있다

*

　수십 대의 트럭이 줄지어 간다
　고속도로에서 트럭은 사바나의 사자처럼 파죽지세로 내달곤 하는데
　느릿느릿 간다
　장중함이 섬뜩해 채널을 멈추었다

　운구차 행렬이다

---

* 베르가모 : 이탈리아 북부 롬바르디아주 소도시. 30분에 1명씩 사망해 코로나 19로 가장 피해가 큰 곳.

부유하고 조용한 소도시는 검은 리무진으로 슬픔을 다
하곤 했는데
　쏟아지는 주검들은
　군용 트럭에 켜켜이 실린 채
　밖으로 밖으로 가고 있다

느리게 가는 것만이 유일한 조의가 되고 있다

수많은 소피아 씨를 애도하며
마스크를 쓴 이웃들은 발코니에서 두 손을 모은다

구급차 사이렌 소리는 텅 빈 거리를 찢어대고
더 이상 세지 않는다는 시신들 꽉 채운 성당
울리는 종소리

긴 성호에 안기는
적막한 주황색 지붕과 성벽과 광장

하이힐

또각또각, 꼿꼿한 것들은 사람을 긴장시키고 압도하지요
자꾸 돌아보게 돼요
또각또각, 어깨를 움츠리게 하지요

미니스커트 한 군단이 등장하는 거리를 상상해보세요
봄바람도 거기서 생겨나지요

높은 굽에 하루를 맡겨보세요 우울한 기분을 콕콕 찧고
잘록한 상상으로 미끄러지게 하지요

발이 무지외반증의 징후를 보여도
파리까지 뉴욕까지 젊음의 건장을 쭉쭉 뻗을 거예요

샹젤리제 거리에서 파리지앵의 눈빛도 당당히 지나쳤지요
오, 어디서나 나를 추켜세워 주네요

딱, 적당한 실비實費로 구름 같은 청춘의 의전을 구비하는 거지요

나날이 유능해지고 아름다워지는 데에
이렇게 쉬운 마법이 또 어디 있을까요?
글쎄,

퍼즐

　은행잎 후두둑 날리는 저물녘, 동네에 생선장수 트럭이 나타났다. 시퍼런 바다를 펼쳐놓는 확성기에 골목이 들썩였다. 생선을 싣고 온 남자는 검은 뿔테 안경을 끼고 있었다. IMF사태로 실직에 대한 뉴스가 매일 쏟아지던 무렵이었다.

　남자는 목을 정해 놓고 매일 같은 시간에 나타났다. 확성기로 골목을 흔들면, 아이들은 깜짝 생각났다는 듯 학원으로 뛰어가거나 놀이터로 내빼고, 여자들은 장바구니를 주섬주섬 챙기곤 했다. 어느덧 사람들은 교회의 종소리처럼 귀를 기울이게 되었다.

　남자는 반격하듯 복수하듯 만만한 동태 대가리 사정없이 쳐냈다. 우악스러운 손길에 걸려드는 건 희망이었을까. 꼬부라졌던 날들을 자르듯, 번들거리는 칼로 사정없이,

　깡통엔 검붉은 냄새가 차곡차곡 쌓여갔다. 어스름이 동네를 장악할 무렵이면, 저녁 속으로 트럭이 사라지고 아이들도 하나둘 집으로 돌아갔다.

간혹 고등어 사라는 소리가 들리지 않는 날은, 비린 어둠이 빈자리를 메우려고 더 빨리 내려앉았다.

벽 앞에서

펜스를 쳐 놓은 밖으로
얼굴을 내밀면
너는 파문이 되고
나는 바람에 떨어지는 꽃이 될 거 같아

마음 밖으로 나가려는 마음
손바닥의 불씨처럼 꼭 쥐며
어딘가에 있는 작은 돌이 되어

조용히 자라는 벽의 아래쪽 벽돌
한 장을 누군가 빼가도 모르듯
스며드는 너를 밀어낸다
한 걸음 내딛으려는
입술을 닫고
마음을 감는다

가장 안에 있는 마음의 온기로
스스로를 품으며

사막을 쓰다듬고
중심을 키우는 밤

아른거리는 마음을 벼리면서

토기의 독백

누덕누덕 깊은 잠이 행복했다
어둠의 요람 밖으로 끌려 나와
발가벗긴 채 유리 안에 있을 줄이야!
꿈처럼 사라진 무덤을 그리며
밝은 불빛 아래 나신을 견딘다
수많은 눈들이 나를 핥듯 지나간다
어둠의 셔터가 내리고
참았던 숨을 몰아쉬며 눈을 감으면
내 몸에 꽂혔던 갖가지 의문과 감탄들이
어둠 속을 부유한다
나의 완강한 침묵
x-ray에 입이 열릴까
다만 흙투성이 나를
갓난아기 다루듯 고이 들어 준 그의
설레던 손길에 내가 파르르 떨렸다는 것
그 최초의 기억으로
이 자리를 지키고 있을 뿐이다
그는 저 밖에 호랑가시나무를 심어놓고

어디로 갔을까

뾰족한 가시 닮은

고양이가 김해박물관 담장 위에 올라가 있다

유혹

늘 근사해지고 싶은 거죠
오며 가며 통유리 안의 빈자리에 눈동자만 살짝 얹어보곤 하다가
손톱까지 깎고, 한나절의 성지를 밀고 들어갔네요

지나간 시절과 흩어져 있을 미래를 오늘의 허밍으로 부르게 되는 스타벅스
어떤 구름에도 푸른 고래가 솟구치게 하는, 고귀한 향기에 대한 자세
후각은 수평선을 금방 가져다주지요

초록 여자 긴 꼬리에 제대로 걸려들었나요
교회 등불도 꺼진 밤인데 나의 off 스위치는 어디 있나요
일등항해사 스타벅이 밤을 다 끌고 갔나 봐요
아뿔싸, 너무 멀리 가네요
세상의 정오가 모두 몰려와요

내 안에 잠들어 있는 고래가 깨어나고
나는 점점 없어져 가네요

산수유 카페

구름이 몰려온다는 예보에
빨간 캡을 쓰고 산수유나무가 문을 여는
숲실 마을에 간다
햇빛 한 줌과 노란 그늘이
열매 익히는 소리,
고단한 시간 헹구어 낸 사람들
바람의 모잘 벗어 던진다
왕산수유나무 삼백 년 묵은 향기와
웅숭깊은 그늘 수북한 오후에
풀잎 같은 새살이 돋을 것 같다
끝없는 생이 번져
숲실마을의 서낭당이 된 산수유나무
와자한 발걸음들이 제자리로 돌아가는
풍경을 지그시 바라본다
환하게 핀 얼굴들,
설레는 마음으로 꿰고 온 구두의
뿌연 먼지가 가볍다

해설

우리에겐 아직 기뻐할 것들이 남아 있다
— 지정애의 시 세계

정우진(시인)

1. 세계와 인간 사이에 흐르는 운명적 비가悲歌

"인간은 사회적 동물이다". 이 단순해 보이는 말에는 사회와 인간, 물질문명과 존재 사이에 흐르는 어떤 불일치가 담겨 있다. 인간 스스로 결정하지 않은 봉합된 관계의 사이에는 영원히 일치될 수 없는 무수한 틈들이 있고 이 불일치에 의해 인간의 근원엔 여러 파토스가 자리하게 된다.

세계와 인간의 불일치에 의한 파토스는 허무에 도달한다. 원인이 자신이 아니므로 자신이 저지르지 않은 행위에 대해 책임을 져야 하는 모순된 상황을 겪기 때문이며 원인이 자신이 아닌 사회에 있다는 것은 개인의 역량으로는 해결될 수 없는 일이란 말의 다름 아니므로 근본적인 해결이 불가능한 것이기 때문이다.

이 해결 불가능의 상황이 인간의 가장 기본적인 '일상'에까지 침투할 경우는 그 비극은 극단에 달해 근본적 허무와 절망으로 자아의 내면 깊숙한 곳에 뿌리박히게 된다. 현대 시사詩史에는 현대인에게 운명적으로 부여되는 이 허무, 혹은 절망과의 긴 시적 사투가 한 흐름을 이루고 있다. 시인들은 끊임없이 인간이 인간으로서 이러한 절망과 허무를 어떻게 마주하고 극복해야 하는지를 절실하게 드러내기 위해 노력했다. 작게는 스스로 이 세계를 살아갈 이유를 마련하는 것이며 크게는 '인간으로서' 자연스럽게 일어나는 연민을 외면하지 않고 마주하는 방법이기 때문이다.

극복의 의지는 "별을 노래하는 마음으로/ 모든 죽어가는 것을 사랑"하겠다는 등의 다짐, '미안하지만 다시, 여전히 희망을 노래하겠다'는 끝없는 순수 의지 등 여러 태도로 표현되었으나 그 태도가 어찌 되었건, "그 누구도 멍든 별에 대해 말하지 않을 때"를 참을 수 없는 마음가짐은 현재의 절망에 대한 순수한 극복의 의지로 이어진다는 점에서 숭고하며, 세계의 개개인에게 살아갈 각자의 의미를 부여해준다는 점에서 현재적이다.

하지만 절망의 상황에서 그 상황을 이겨내고 미래로 나아가려는 역설적 태도가 독자에게 설득력을 지니느냐 지니지 못하느냐는 별개의 문제이다. 이는 희망과 절망은 동전의 양면도, 인과성을 지닌 관계도 아니기 때문이다. 희망은 늘 저 언덕 너머의 동산에 있고(「고래와 분홍신」) 절망은 나와 살고 있다(「구름사원체류기」). 오히려 우리가 실제 세계에서 확연히 마주하는 실체는 희망의 결과물이 아닌 나아가는 과정에서 마주하는 절망과 실패다. 희망은 마음가짐이고 절망은 세계가 오직 나만을 위해 던져 놓은 똑 떨어진 잉여인 것이다.

이 반복되는 차이 앞에서 인간이 할 수 있는 선택은 감정의 수만큼 제한적이고 무기력하기에 절망을 마주하고 다시금 희망을 노래하겠다는 의지들이 담긴 시들은 늘 낯설고 귀하다.

지정애 시인은 그의 첫 시집에서 실존적 존재로서 맞닥뜨릴 수 있는 절망과 나름대로 정립한 극복의 태도 및 방법을 보여준다. 그 과정은 맹목적이지 않으며 무한히 낙관적이지도 않다. 기저는 깊은 슬픔에 닿아 있으며 목소리는 소박하고 담담하다. 태도는 분명하고 확신에 차 있어 반가운 마음으로 그 과정을 함께 했다.

2. 부유하는 희망 속에서의 체류

늘 구름 냄새에 절어 들어온, 우리의 물컹한 뿌리, 구름 중독자
아버진 구름을 사랑했고, 구름 또한 당신의 근친

당신이 창밖에 어른거리면 우린 얼른 그림자 속으로 들어가고
조금씩 구름의 제물이 되어가고

부재의 식탁마저 삼키느라 당신의 입은 날로 커져가고
우리를 날마다 조금씩 오려내, 구름성 올라가는 계단을 쌓아갔다

싹둑싹둑 가위질, 가물가물해질 때까지

구겨진 미래를 껴안고 잠 설칠 때, 늑골 파먹는 붉은 소린 구불구불
비린내 마당에 흥건했다

책 속에 박힌 붉은 눈알로 밤새도록 비명의 강을 건너가

변산바람 꽃 한 송이 되고 싶었는데

마음속에서 자라난 못이 시퍼런 눈 뜬 채 푸드득거렸다
뿌리에 재를 뿌리며 연근처럼 구멍 숭숭 난 날들이여 안녕!

근사한 고공비행을 꿈꾸며 박찬 허공
몇 바퀴 돌다가 그만, 내가 나를 놓쳐 버리고

싹둑싹둑, 하늘 끝까지
―「구름사원체류기」 전문

 지정애 시의 화자에게 자리한 비애는 유년으로부터 기인한다. "구름 중독자" 아버지는 늘 구름 냄새에 절어 들어오신다. 그런 아버지에 의해 "구겨진 미래"를 껴안은 화자는 그 절망에 "밤새도록 비명의 강을 건"넌다. 희망은 달콤한 것이지만 그것은 그저 멀리 보이는 허상일 뿐 그것을 실제로 만드는 것은 오롯이 두 발이 땅에 붙어있는 사람이어야 할 것이나 구름과 "근친"의 단계까지 이른 아버지에 의해 마련된 절망은 "뿌리에 재를 뿌리"는 인간 내면의 기본적 성장까지 박탈하는 수준이었다.

 당신 손바닥에 '동화책'을 새겼다 비뚤비뚤

아침마다……

아홉 살 맨발은 줄넘기를 하며 기다렸다, 하염없이
담장 내다보던 깨금발, 골목엔 바람만
그림자도 보이지 않았다
(중략)

동화책은 저 혼자 그렁그렁 떠다녔다
―「고래와 분홍신」 부분

「고래와 분홍신」은 화자의 근원적 절망감이 어떻게 형성되었는지를 구체적으로 보여주는 작품이다. 작중 화자는 아버지 손바닥에 아침마다 "동화책"이라는 소원을 적지만 그 소원들이 실체가 되어 돌아오는 일은 없었다. 그것의 그림자도 볼 수 없었고 바람만 다녔을 뿐이다. "동화책은 저 혼자 그렁그렁 떠다녔다"는 구절은 화자가 어린 시절 '동화책'같은 평범한 소망조차 얼마나 지속적이고 일관되게 박탈되는 상황에 놓여 있었는지를 여실히 보여준다. "당신이 창밖에 어른거리면 우린 얼른 그림자 속으로 들어가고/ 조금씩 구름의 제물이 되어"에서 확인할 수 있듯 화자에게 있어 절망은 역설적으로 무의미한 희망에 의해 발생하는 것이다. 희망이 절망으로 변하는 것이 아닌 희망과 절망이 인과의 관계라는 것은 희망을 가질 수조차 없는, 이른바 '희망이 원초적으로 박탈'의 과정을 보여준다는 점에서 화자의 상처가 더욱 비극적으로 다가온다.

3. 세계로부터의 지연에 대한 성찰

그가 내 뒤통수를
사과처럼 사각사각 씹어 먹는 소리
오! 즐거운 알람 소리
나는 스멀스멀 그에게 다가가서
마지막 편지로 그의 목을 살짝 조여 보지요
그러면 몸속에서 졸던 날개가
겨드랑이를 뚫고 나오네요
우리는 다시 2인 1조가 되어 출발선으로 돌아가요
그가 가끔 보이지 않는 끌을 갖고 내 얼굴에 골을 파주면
나는 언어를 부숴서 토닥토닥 바르고
가부끼 인형이 되어 밖으로 나오지요
아이들은 아이스크림을 혀로 핥아 먹으며
햇살 아래로 뛰어가고
나는 구멍 난 뒤통수를 햇살이 다 핥아 먹도록
햇살 아래를 천천히 걸어요
꿈속처럼, 꿈꾸듯 걸어요
뜨거운 햇살 아래서

사과의 둥근 살이 부풀어 오르는 것처럼
　　　　　　　　　　　　　　　—「사과를 먹듯이」 전문

　성인이 되어서도 화자는 여전히 "삿갓구름이 심장 아랠 파고들어 잠을 깨는, 구름에 절여진 몸"으로 "대낮에도 목"이 조이지만(「벚꽃청심환」) 그 절망 중 어떤 것도 회복된 일이 없이 연속된 상태에서 사랑을 하고, 가정을 이루고, 아이를 키우며 "사과의 둥근 살이 부풀어 오르는 것"(「사과를 먹듯이」)같은 행복을 느낀다. 때론 빨래와 날씨의 타이밍에 대한 서로의 의견같은 사소한 것들로 싸우기도 하지만 "당신 안에 맑은 햇빛이 감돌면 좋겠다"(「흐린 날의 빨래」)고 서로를 깊게 사랑한다.

　　　야들야들해진 살을 뜯어먹는 당신에게 울컥 젖은 시래기를 건
　　져준다

　　　왕뼈에 붙어 있는 당신을 발라먹는다 왕뼈에 붙어있는 나를
　　발라먹는다
　　　물어뜯으면서 하나가 된다
　　　　　　　　　　　　　　　—「시래기 이중주」 부분

　　　가방, 봄의 가방은 조금 들떠 있다

해설　우리에겐 아직 기뻐할 것들이 남아 있다

비밀을 갖고 꿈틀거린다 완강하다

나는 가방의 안을 들여다본다 늪이기도 별이기도 한 가방은
캄캄해졌다
그를 생각한다 조금 우울해서 고개를 숙이고
어떤 열망이 있는가
(중략)

매일 가방을 하나씩 들고 가방의 침묵을 쓰다듬어 준다
커피를 마셔도 쓸쓸해지는데 그 이유는 너무 낡았다
―「가방, 혹은 방」 부분

「시래기 이중주」는 「사과를 먹듯이」의 시절이 지난 후 일어난 인식의 시점과 내용을 보여준다. "왕뼈에 붙어 있는 당신을 발라먹는다 왕뼈에 붙어 있는 나를 발라먹는다"처럼 화자는 불현듯 현재의 상태가 실은 결국 나를 상처입히는 것이었다는 사실을 인식하는데 이는 자신에게 "어떤 열망이 있는가" 자문하며 지금 현재가 "열망"의 부재 상태이며(「가방, 혹은 방」) 이는 자신이 "구름에 절여"(「벚꽃청심환」)졌다는 자각으로 귀결된다.

「열무」에서는 이러한 자각의 실체를 좀 더 구체적으로 규명한다. "절인다는 것은 조용히 다독이는 것/ 수십 년간 김치를 담근다는 것은 끓어오르는 마음을 내밀히 다독"인

다는 인식이 그것이다. 화자에게 있어 '절여진다'는 행위는 '스스로 절망을 초래'하는 상징성을 지니므로 '절이는' 행위와의 동일시는 그만큼 화자가 자신의 현재를 얼마나 부정적으로 인식했는지를 단적으로 보여준다 하겠다. 자신이 처음부터 어딘가 갇혀 지냈다는 것, 그런데 스스로 갇혔다는 것 그래서 "너무 낡았다"라는 자조는 이러한 측면에서 실존적이며 처절하다.

> 도심에서 놓친 담배를 시골 구멍가게에서 사던 어느 시인
> 아웃사이드엔 뭔가 있다고, 혁명도 밑에서부터 올라온다고
> 긴 속눈썹이 작은 소신처럼 바짝 치켜져 있다
>
> 남들이 연애하고 벚꽃놀이 갈 시절에 강냉이를 안고 같이 버스를 기다렸던 네 방에서 바닥에 바닥을 깔고 잡지를 뒤적거린 구멍 뚫린 오후로 시를 쓰고, 지금은 감감한 너와 함께
> 눈 온 날 아침 망원동에서 걸어 푹 젖은 구두
> 엄마의 아랫목 같은 포장마차에서 가장 싱싱했다
>
> 창경원 밤 벚꽃 뉴스가 돌처럼 씹혀도 꿈꾸는 가방이었다
> 가방을 타고 눈부신 바깥에 이르고자 했다
> '지옥에서 보낸 한 철'에서도
>
> 책가방은 수천의 창을 달고 모든 것에 닿는 가능성의 바퀴였다

혼자 등불을 확장시킬 때마다 나타나는 그림자
쌀 몇 톨로 점치는 이가 그랬던가 문밖에서 책가방을 들고 운다고
스물한 살에겐 귀신 씨나락 까먹는 소리였는데

부풀었던 사과가 우박에 떨어졌다 검은 구름이 달을 덮어버렸다
안에 붙어있는 주머니에 불시착했다

둥둥 떠내려갔다 책가방은 꿈밖으로 떠내려갔다
주머니의 계보를 이었다 둥둥 북이 울린다 주머니는 힘이 세다

변두리는 밀려서 꿈틀거린다 봄을 놓쳐 시를 쓴다
가방은 나도 모르는 심연인가
영화에서 여배우 얼굴보다 가방이 먼저 보인다
가방의 심리학이 꿈틀거린다

밤엔 구름 가방의 뿔을 더듬는다
멀리 몽상가의 눈썹이 자란다

―「봄」 전문

「봄」은 "남들이 연애하고 벚꽃놀이 갈 시절"의 이야기를 소재로 한 작품이다. 위 시를 통해 지정애 시의 화자가 시를 쓰게 된 동기가 젊은 날의 "바닥에 바닥을 깔고 잡지를 뒤적거린 구멍 뚫린 오후"가, 한참 멀리 와 있는 화자를 소환하여 "엄마의 아랫목 같은 포장마차에서 가장 싱싱했

던" 열정을 받아쓰도록 했다는 것임을 알 수 있다. 스스로에게 갇혀 있던 상태에서 시선과 지향점이 내면 밖으로 향하기 시작하고 시 쓰기를 선택하고 매진한 것이 '시인으로서'의 자의식의 발현이 아닌 자아 회복의 절실한 욕망에서 비롯되었음을 알 수 있는 것이다. 이것은 시인이 이후 시인으로서 어떤 역할을 자처하는 것이 '소명의식'과 같은 무엇이 아닌 한 인간으로서 '자신이 좋아하는 것을 선택한' 소박한 방식임을 우리에게 전해준다.

「백지의 시간」,「게발선인장 꽃」,「콘셉시온」,「기도」,「라라의 초상」,「꽃은 시나브로 탈색되고」 등의 작품에서는 "눈부신 바깥", "모든 것에 닿는 가능성의 바퀴"를 찾기 위해 자신의 시작 태도와 방향에 대해 여러 고민들을 하는 과정을 확인할 수 있다. 이러한 과정들이 일차적으로는 시인으로서의 고민의 편린이겠지만 그것보다는 시인이 자신의 내면을 치유하고자 하는, 즉 정체되지 않겠다는 결심을 실천하고자 하는 진지하고 정직한 자기 수련의 방식일 것이다.

*

소피아(75)씨는 집에서 산소탱크를 달고 있다가 병원으로 갔다
마스크와 장갑을 낀
가족들의 배웅, 이탈리아 국가가 꽂혀 있는 발코니에서 손 흔

드는 6살 손녀

꽃가게는 닫혔고
그녀 묘지엔 정원에 있던 바람개비가 돌아가고 있다

*

수십 대의 트럭이 줄지어 간다
고속도로에서 트럭은 사바나의 사자처럼 파죽지세로 내닫곤 하는데
느릿느릿 간다
장중함이 섬뜩해 채널을 멈추었다

운구차 행렬이다
부유하고 조용한 소도시는 검은 리무진으로 슬픔을 다하곤 했는데
쏟아지는 주검들은
군용 트럭에 켜켜이 실린 채
밖으로 밖으로 가고 있다

느리게 가는 것만이 유일한 조의가 되고 있다

수많은 소피아 씨를 애도하며
마스크를 쓴 이웃들은 발코니에서 두 손을 모은다

구급차 사이렌 소리는 텅 빈 거리를 찢어대고
더 이상 세지 않는다는 시신들 꽉 채운 성당
울리는 종소리

긴 성호에 안기는
적막한 주황색 지붕과 성벽과 광장
—「아, 베르가모 2020」 전문

  화자가 자신의 생활의 "썩은 부위를 도려내고 커튼을 올"리고(「어느 날」) 다시 세계로 나오려 하였을 때 코로나의 세계가 화자를 가로막는다. '갇힘'에 대한 경계와 함께 다시 시작하려는 시기에 처절하고 장엄한 장송곡이 도처에 흐르는 단절의 세계(코로나)에 펼쳐진 끝도 없는 운구의 행렬은 화자를 포함한 모든 인간들 사이의 관계에 '관계 금지'라는 두꺼운 유리벽을 세운다. 세계에 진입하려는 화자를 정면으로 막아선 것이다.

  코로나 상황에서 인간에게 닥친 고통의 수와 깊이는 헤아릴 수 없지만 그 중에서도 인간으로서의 최소한의 인간관계에 대한 유지의 가능성, 편히 숨 쉴 권리와 같은 일상성의 박탈을 꼽을 수 있다.「아, 베르가모 2020」은 눈 앞에 펼쳐진 코로나의 상황, 단절과 갇힘이 이러한 맥락에서 얼마나 절망적이었는지가 극적으로 형상화된 작품이다. 시인이 한국이 아닌 어느 외국의 낯선 장면을 제시한 설정과 극단적이고 환상적인 장면의 묘사를 통해 무엇인가 자신의 메시지를 전달하려는 의도가 있음을 짐작하게 한다.

"장중함이 섬뜩해 채널"조차 돌리지 못하게 되는 죽음의 공포가 가득한 세계는 "광장"마저 죽음의 그림자로 적막하다. "꽃가게는 닫"힌 것은 현재 상황이 한 사람이 죽음조차 온전히 위로하지 못하는 기형적 상황임을 드러낸다. 또한 묘지에 꽃이 아닌 정원의 바람개비가 돌고 있다는 인식은 이 세계에 삶과 죽음의 경계가 완전히 무너졌음을 의미한다.

트럭들은 느리게 가고 시체들은 운구차에조차 실리지 못해 트럭에 실려 옮겨 다니는 인간성 말살의 극단적 상황을 그리면서 "느리게 가는 것만이 유일한 조의"이며 그저 "발코니"에서 여러 소피아들의 동시다발적 죽음을 보내는 상황에서 신의 전당은 죽음으로 가득 차 있고, 인간의 터전은 적막해졌다는 일상성의 박탈에 대한 인식은 우리에게 박탈된 것이 얼마나 평범한 것이고 그 박탈이 야기한 잔혹한 결과가 얼마나 참혹한지 눈앞에 펼쳐 보인다.

죽음에 대한 극단적 형상화의 목적은 주지하다시피 그 장면의 그로테스크함을 부각시켜 은폐 혹은 숨겨진 어떤 부정성을 드러내는 것이다. 이것은 이른바 현대시, 그 중에서도 이른바 '도시시'의 특질이다. 이 유형의 시는 소멸

되고 매몰된 일상성에 대해 인식하고 '일상성'이 무너진 곳에는 인간이 평범한 삶이 지속될 여지가 없음에 대한 고뇌를 드러내는 것과 평범한 사람의 평범한 삶이 가치로 재발견되는 인식의 변화를 보이며 구체적인 삶 속에서 누릴 수 있는 최소한의 인간다움의 박탈을 인식한 결과 죽음의 이미지가 점철되는 점을 특징으로 한다.

「아, 베르가모 2020」은 도시 전체에 도사린 '죽음'의 이미지를 통해 상황과 배경이 지닌 부정성을 우리에게 환기하고 그 환기를 통해 박탈된 자신의 무엇을 연속적으로 떠올리게 된다. 앞서 언급하였듯 코로나가 세계에서 앗아간 것이 첫째, 일상성, 둘째, '관계의 죽음'이라 할 때 위 시를 통해 박탈된 일상성 및 관계에 의한 비극적 결과를 통해 그것이 반드시 회복되어야 할 가치라는 인식의 전환이 일어나는 것이다.

4. 멍든 영혼을 위한 슈가 바나나

펜스를 쳐놓은 밖으로
얼굴을 내밀면

너는 파문이 되고
나는 바람에 떨어지는 꽃이 될 거 같아
(중략)

가장 안에 있는 마음의 온기로
스스로를 품으며

사막을 쓰다듬고
중심을 키우는 밤

아른거리는 마음을 벼리면서

― 「벽 앞에서」 전문

    화자는 현재의 상태에 체류하려 하지 않는다. "펜스"가 쳐져 있는, "꽃가게는 닫"(「아, 베르가모 2020」)힌 상황에서 "얼굴을 내밀면/ 너는 파문이 되고/ 나는 바람에 떨어지는 꽃이 될 거 같"다는 의지를 드러낸다. 또한 "가장 안에 있는 마음의 온기로/ 스스로를 품으며" "아른거리는 마음을 벼리"겠다는 다짐을 한다.

    카페에서 '풀과 풀 사이의 깊어지는 크레바스'(「크레바스 그리고 풀」)를 발견하며 밖으로 나온 화자는 도처에 자라나는 인간과 인간 사이의 관계의 죽음을 카페와 같은 일상에서 확인하게 된다. 그러던 시인의 인식은 "혼자서도 성겁지 않다"(「영래 칼국수」)와 같은 세계 내 즐거움을 인식하면서 전환점을 맞이하게 된다.

싱싱한 잎사귀만 고이 바구니에 담는다

캄캄한 것들을 자주 들여다보며 물을 주고,
구름의 이동을 몇 번 바라보는 동안 부풀 대로 부풀어 오른 초록의 포용
초록에 대해선 이유를 알 수 없는 맹목,
어쩌면 눈 먼 모정이 초록으로 태어났는지도

헐렁한 저녁 한 덩이를 감싸줄 건 그래도 푸른 잎사귀뿐,
입안의 침묵은 된장의 짭짤한 맛에 금방 무너질 것이다
캄캄한 항아리 속에서 숙성된 비밀을 쓰다듬다보면
모두의 허물은 풀냄새에 서서히 녹고, 하루는 간결하게 수습된다

모름지기 씨앗은 깊은 내력과 궁리를 품고,
세상 끝까지 길고 긴 젖줄이 돼 준다
잎과 잎 사이 당신과 나 사이, 소리 없이 아무도 모르게 흐르고 흘러가고

묘상의 시절
사정없는 바람과 햇빛을 막아준 비닐 덮개를 기억하며,

    손바닥을 펴는 사람 누구에게나
    아낌없이 넓고 아늑한 모자가 되어준다

     — 「푸른, 쌈」 전문

「푸른, 쌈」의 소재는 "쌈"이다. 화자는 쌈에서 포용을 보고, 모정을 본다. 쌈은 "헐렁한 저녁"을 감싸주며 "모두의 허물"은 녹고 "하루가 간결하게 수습된다". 또한 "누구에게나/ 아낌없이 넓고 아늑한 모자가 되어준다". 생활의 소소한 부분들이 지닌 유일하고 고귀한 가치를 살펴보고 집중하는 모습은 외부 세계로의 여정을 통해 세계에 내재한 가치들을 재인식하는 과정인데 그 대상이 생활에 밀접하여 우리에게 오히려 납득할 만한 이유로 다가온다. 유사한 주제의 다른 시에서도 볼 수 있는 세계의 가치에 대한 재인식을 통해 마침내 시인은 "제대로 울기 위해 꿈에서 깨어나"기로 한다(「방문객」).

    모래톱에서 통증은 따스해진다

    갈매기를 보면 질문이 생각난다
    나는 질문하는 힘으로 여기까지 왔다

    다시 모래를 밟으면

내 안과 밖에 어른거리는 것이 있다

나는 차츰 나를 잊어가고 내게서 멀어져간다
파도소리에 둥글어져간다

저마다 모서리를 없애는 방식이 있다
아무도 모르게 눈시울 문지른 당신

당신은 먼 바다의 돌로
금방 낳은 알처럼 따스한 돌로 내게 온다

지난겨울 당신은
돌을 붙들고 돌을 닮자고 했다

그러나 봄이 오고 당신은 떠났다

이제 당신은 내 손에 돌로 남았다
반질반질해진 돌로

옆에 있는 듯 알록달록 기운 얼굴을 만지작거리면
가장자리에서 우리는 비로소 둥글어진다
―「몽돌의 뒷모습」 전문

"질문의 힘"으로 시인은 "썩은 부위를 도려내고" 출발한 여정의 가장자리에 닿는다. 당신은 떠났고 나에게 남겨진 것은 하찮아 보이는 "돌"이다. 그러나 그 돌은 어떤 기운을 간직하고 있다. 세계의 가치에 대한 인식의 끝에 다다른 화자가 마침내 돌에 내재한 가치를 인식한 것이다. 이제 화자에게는 돌조차 그냥 돌이 아닌 어떤 '색'을 지닌 존재의 다름 아니게 된다. 이 인식은 세계 내에 존재하는 즐거움의 향유를 발견하는 궁극적 태도를 환기한다. "세상의 모든 것은 돌/ 손가락이 다 닳을 때까지 돌을 닦는"(「얼굴의 완성」) 하찮고 평범하며 보편적인 것처럼 보이는 것이 실은 이 세계의 고귀한 근간임을 인식하게 되는 것이다.

화자 "옆에 있는 듯 알록달록 기운 얼굴을 만지작거리면 / 가장자리에서 우리는 비로소 둥글어진다"고 '세계'가 얼마나 소중한 대상인지를 역설함과 동시에 '세계' 의미를 '오래고 깊은 풍상으로 헐렁헐렁한 내 안을 채우는 것은 밖'(「술래가 없는 방」)이며, 나의 완성(「향기의 완성」)이 '당신'이라 역설한다.

> 한때 나는 항아리에 은닉되곤 했지요
> 독점욕이 강한 사람들이 내게 새로운 세계를 가르쳐 줬어요
> 무풍지대와 그늘이 있어 엄마의 자궁처럼 안락했어요
>
> 늘 웅크리고 있는 내게 다시 태어나고 싶은 사람들이 오곤 해요
> 그때 나는 과일을 넘어선 그 무엇이 되는 거지요

나의 단맛은 몽정 같은 것
한 다발이면 맨홀 같은 하루를 채워줄 수 있을 거예요
나를 우적우적 씹으면서 실컷 숨으세요
새 탯줄을 잡은 기분이 들 때까지

글러브처럼 포획을 노리는 나의 전략, 슈가 포인트엔
보이지 않는 거미줄이 있어요

씨 없는 나는 혼신의 향기로 모두의 연인이 되는 거지요
비밀이 너무 많으면 몽상으로 등이 휘어진 나처럼 될 수 있어요

나의 길쭉한 색깔은 가위 눌린 사람의 노란 하늘과 비슷해요
퍼렇게 시치미 뗀 나는
오늘도 해먹처럼 흔들리는 사람을 기다려요
―「속삭이는 바나나」 전문

 마침내 화자는 그러한 '당신'에게 전하는 자, "다시 태어나고 싶은 사람들을 위한"(「속삭이는 바나나」) 자가 되기를 소망한다. 비록 "씨 없는 나"라는, 스스로 미래로와의 연결 고리가 될 수는 없는 존재의 한계를 인식하지만 '너'를 위해 노래한다. 이는 자신의 현재와 능력을 분명히 인식하고 있다는 자기 고백이다. 이러한 자기 고백은 앞서도 언급하였지만 "오늘도 해먹처럼 흔들리는 사람을 기다려요"라는 구절에서 알 수 있듯 화자의 다짐이 그저 추상적인 시인으

로서의 '소명의식'이 아닌 치열한 극복 의지의 소산임을 짐작게 한다.

지정애 시인의 이번 시집은 자신의 상처를 마주하고 극복한 그 결과물이다. 시인의 시에서 느껴지는 비극은 희망과 절망의 인과에 의해 배태되었다. 안온한 체류는 곧 절망이었으나 외면했고 그 상태로 행복해지고 싶었다. 시간이 지난 후 시적 자아는 그것은 그저 불안의 지연이었을 뿐임을 알게 된다. 그것은 자신을 갉아먹었고 점점 사라지게 만들었다고 자각한다.

더 이상 물러설 수 없는 곳에서 화자는 시를 다시 붙잡지만 홀로 세계로 나아가려 했을 때 코로나라는 현실이 시인을 다시 막아선다. 세계는 과거와 동일했다. 아무 것도 달라지지 않았고 여전히 죽음으로 가득했다. 인간에게 희망이라는 일상은 여전히 파괴되어 있었고 절망은 경계 없이 흘러 다녔지만 화자는 더 이상의 체류를 거부하고 세계로 나아가 자신의 손으로, 눈으로 박탈되었던 '일상'의 가치를 스스로 탐색한다. 그것이 자신이 깨달은 진정으로 '행복할 가능성'을 회복할 수 있는 방법이기 때문이다. 손에 쥔 "금방 낳은 알처럼 따스한 돌"(「몽돌의 뒷모습」)의 온기가 몽돌을 쓰다듬는 파도를 따라 전해지는 듯하다.

그녀가 발견하고 보여준 이 세계의 작은 기쁨들을 따라 떠나보자. 나의 불안과 상처, 그 어느 것 하나 아프지 않은 것은 없지만 그 너머에 아직 당신이 잊고 있던 슈가 바나나가 반짝이고 있다.

지정애池貞愛

경북 안동 출생.
연세대학교 국어국문학과, 계명대학교 일반대학원 국어국문학과 졸업.
대구 상서고등학교 교사 역임.
2009년 『서정시학』으로 등단.
《시가마》 동인.
이메일: jema3@hanmail.net

서정시학 시인선 187
속삭이는 바나나

2021년 12월 24일 초판 1쇄 발행

지 은 이 · 지정애
펴 낸 이 · 최단아
편집교정 · 정우진
펴 낸 곳 · 도서출판 서정시학
인 쇄 소 · ㈜ 상지사
주   소 · 서울시 서초구 서초중앙로 18, 504호 (서초쌍용플래티넘)
전   화 · 02-928-7016
팩   스 · 02-922-7017
이 메 일 · lyricpoetics@gmail.com
출판등록 · 209-91-66271

ISBN 979-11-88903-87-0 03810

계좌번호: 국민 070101-04-072847 최단아(서정시학)
값 13,000원

* 잘못된 책은 바꾸어 드립니다.

서정시학 시인선 목록

001	드므에 담긴 삽	강은교, 최동호
002	문열어라 하늘아	오세영
003	허무집	강은교
004	니르바나의 바다	박희진
005	뱀 잡는 여자	한혜영
006	새로운 취미	김종미
007	그림자들	김 참
008	공장은 안녕하다	표성배
009	어두워질 때까지	한미성
010	눈사람이 눈사람이 되는 동안	이태선
011	차가운 식사	박홍점
012	생일 꽃바구니	휘 민
013	노을이 흐르는 강	조은길
014	소금창고에서 날아가는 노고지리	이건청
015	근황	조항록
016	오늘부터의 숲	노춘기
017	끝이 없는 길	주종환
018	비밀요원	이성렬
019	웃는 나무	신미균
020	그녀들 비탈에 서다	이기와
021	청어의 저녁	김윤식
022	주먹이 운다	박순원
023	홀소리 여행	김길나
024	오래된 책	허현숙
025	별의 방목	한기팔
026	사람과 함께 이 길을 걸었네	이기철
027	모란으로 가는 길	성선경
029	동백, 몸이 열릴 때	장창호
030	불꽃 비단벌레	최동호
031	우리시대 51인의 젊은 시인들	김경주 외 50인
032	문턱	김혜영
033	명자꽃	홍성란
034	아주 잠깐	신덕룡
035	거북이와 산다	오문강
036	올레 끝	나기철
037	흐르는 말	임승빈
038	위대한 표본책	이승주
039	시인들 나라	나태주
040	노랑꼬리 연	황학주
041	메아리 학교	김만수
042	천상의 바람, 지상의 길	이승하
043	구름 사육사	이원도
044	노천 탁자의 기억	신원철
045	칸나의 저녁	손순미
046	악어야 저녁 먹으러 가자	배성희
047	물소리 천사	김성춘
048	물의 낯에 지문을 새기다	박완호
049	그리움 위하여	정삼조
050	샤또마고를 마시는 저녁	황명강
051	물어뜯을 수도 없는 숨소리	황봉구
052	듣고 싶었던 말	안경라
053	진경산수	성선경
054	등불소리	이채강

055 우리시대 젊은 시인들과 김달진문학상 　　이근화 외
056 햇살 마름질 　　김선호
057 모래알로 울다 　　서상만
058 고전적인 저녁 　　이지담
059 더 없이 평화로운 한때 　　신승철
060 봉평장날 　　이영춘
061 하늘사다리 　　안현심
062 유씨 목공소 　　권성훈
063 굴참나무 숲에서 　　이건청
064 마침표의 침묵 　　김완성
065 그 소식 　　홍윤숙
066 허공에 줄을 긋다 　　양균원
067 수지도를 읽다 　　김용권
068 케냐의 장미 　　한영수
069 하늘 불탱 　　최명길
070 파란 돛 　　장석남 외
071 숟가락 사원 　　김영식
072 행성의 아이들 　　김추인
073 낙동강 시집 　　이달희
074 오후의 지퍼들 　　배옥주
075 바다빛에 물들기 　　천향미
076 사랑하는 나그네 당신 　　한승원
077 나무수도원에서 　　한광구
078 순비기꽃 　　한기팔
079 벚나무 아래, 키스자국 　　조창환
080 사랑의 샘 　　박송희
081 술병들의 묘지 　　고명자
082 악, 꽁치 비린내 　　심성술
083 별박이자나방 　　문효치
084 부메랑 　　박태현
085 서울엔 별이 땅에서 뜬다 　　이대의
086 소리의 그물 　　박종해
087 바다로 간 진흙소 　　박호영
088 레이스 짜는 여자 　　서대선
089 누군가 잡았지 옷깃, 　　김정인
090 선인장 화분 속의 사랑 　　정주연
091 꽃들의 화장 시간 　　이기철
092 노래하는 사막 　　홍은택
093 불의 설법 　　이승하
094 덤불 설계도 　　정정례
095 영통의 기쁨 　　박희진
096 슬픔이 움직인다 　　강호정
097 자줏빛 얼굴 한 쪽 　　황명자
098 노자의 무덤을 가다 　　이영춘
099 나는 말하지 않으리 　　조동숙
100 닥터 존슨 　　신원철
101 루루를 위한 세레나데 　　김용화
102 골목을 나는 나비 　　박덕규
103 꽃보다 잎으로 남아 　　이순희
104 천국의 계단 　　이준관
105 연꽃무덤 　　안현심

106	종소리 저편	윤석훈
107	칭다오 잔교 위	조승래
108	둥근 집	박태현
109	뿌리도 가끔 날고 싶다	박일만
110	돌과 나비	이자규
111	적빈赤貧의 방학	김종호
112	뜨거운 달	차한수
113	나의 해바라기가 가고 싶은 곳	정영선
114	하늘 우체국	김수복
115	저녁의 내부	이서린
116	나무는 숲이 되고 싶다	이향아
117	잎사귀 오도송	최명길
118	이별 연습하는 시간	한승원
119	숲길 지나 가을	임승천
120	제비꽃 꽃잎 속	김명리
121	말의 알	박복조
122	파도가 바다에게	민용태
123	지구의 살점이 보이는 거리	김유섭
124	잃어버린 골목길	김구슬
125	자물통 속의 눈	이지담
126	다트와 주사위	송민규
127	하얀 목소리	한승헌
128	온유	김성춘
129	파랑은 어디서 왔나	성선경
130	곡마단 뒷마당엔 말이 한 마리 있었네	이건청
131	넘나드는 사잇길에서	황봉구
132	이상하고 아름다운	강재남
133	밤하늘이 시를 쓰다	김수복
134	멀고 먼 길	김초혜
135	어제의 나는 내가 아니라고	백 현
136	이 순간을 감싸며	박태현
137	초록방정식	이희섭
138	뿌리에 관한 비망록	손종호
139	물속 도시	손지안
140	외로움이 아깝다	김금분
141	그림자 지우기	김만복
142	The 빨강	배옥주
143	아무것도 아닌, 모든	변희수
144	상강 아침	안현심
145	불빛으로 집을 짓다	전숙경
146	나무 아래 시인	최명길
147	토네이토 딸기	조연향
148	바닷가 오월	정하해
149	파랑을 입다	강지희
150	숨은 벽	방민호
151	관심 밖의 시간	강신형
152	하노이 고양이	유승영
153	산산수수화화초초	이기철
154	닭에게 세 번 절하다	이정희
155	슬픔을 이기는 방법	최해춘
156	플로리안 카페에서 쓴 편지	한이나

157 너무 아픈 것은 나를 외면한다   이상호
158 따뜻한 편지   이영춘
159 기울지 않는 길   장재선
160 동양하숙   신원철
161 나는 구부정한 숫자예요   노승은
162 벽이 내게 등을 내주었다   홍영숙
163 바다, 모른다고 한다   문　영
164 향기로운 네 얼굴   배종환
165 시 속의 애인   금동원
166 고독의 다른 말   홍우식
167 풀잎을 위한 노래   이수산
168 어리신 어머니   나태주
169 돌속의 울음   서영택
170 햇볕 좋다   권이영
171 사랑이 돌아오는 시간   문현미
172 파미르를 베고 누워   김일태
173 사랑혀유, 강   김익두
174 있는 듯 없는 듯   박이도
175 너에게 잠을 부어주다   이지담
176 행마법   강세화
177 어느 봄바다 활동성 어류에 대한 보고서   조승래
178 터무니   유안진
179 길 위의 피아노   김성춘
180 이혼을 결심하는 저녁에는   정혜영
181 파도 뚫는 아바이   박대성
182 고등어가 있는 풍경   한경용
183 0도의 사랑   김구슬
184 눈물을 조각하여 허공에 걸어 두다   신영조
185 미르테의 꽃, 슈만   이수영
186 망와의 귀면을 쓰고 오는 날들   이영란